资源与能源
现实问题研究丛书

本书为教育部人文社科项目"利益相关者价值优化视角的大学治理结构研究"
（项目批准号：11YJC630249）最终成果

中国宏观经济波动的能源因素
——基于DSGE框架的分析

Energy Factors of Macroeconomic
Fluctuations in Chinese Economy,
Based on the Analysis of DSGE Framework

谭 琦 著

经济管理出版社
ECONOMY & MANAGEMENT PUBLISHING HOUSE

图书在版编目（CIP）数据

中国宏观经济波动的能源因素——基于 DSGE 框架的分析 / 谭琦著. —北京：经济管理出版社，2018.12

ISBN 978-7-5096-5994-6

Ⅰ.①中⋯ Ⅱ.①谭⋯ Ⅲ.①宏观经济—经济波动—研究—中国 Ⅳ.①F123.16

中国版本图书馆 CIP 数据核字（2018）第 206284 号

组稿编辑：王光艳
责任编辑：李红贤
责任印制：黄章平
责任校对：王淑卿

出版发行：经济管理出版社
（北京市海淀区北蜂窝 8 号中雅大厦 A 座 11 层　100038）

网	址：	www.E-mp.com.cn
电	话：	(010) 51915602
印	刷：	北京晨旭印刷厂
经	销：	新华书店
开	本：	720mm×1000mm /16
印	张：	11
字	数：	169 千字
版	次：	2021 年 1 月第 1 版　2021 年 1 月第 1 次印刷
书	号：	ISBN 978-7-5096-5994-6
定	价：	68.00 元

·版权所有　翻印必究·

凡购本社图书，如有印装错误，由本社读者服务部负责调换。

联系地址：北京阜外月坛北小街 2 号

电话：（010）68022974　　邮编：100836

前　言

能源安全受到广泛关注始于20世纪70年代，全球社会经济的快速发展对资源承载能力造成了巨大压力，致使资源供给与经济需求之间的关系持续紧张。在20世纪70年代中东战争中，欧佩克组织以石油为武器大幅度降低对发达国家的石油供给，使发达国家陷入长期经济衰退，凸显了资源对国家安全的重要意义，维护资源安全对一些严重依赖外部资源供给的国家来说显得更为紧迫。

中国改革开放以来，经济经历了高速增长，能源在经济中的重要性不断提高。首先，中国经济发展越来越依赖于外部能源的供给。其次，我国能源结构不平衡，以煤为主导，石油和天然气存量较少，能源价格极易受到外部供给的影响。最后，能源对于中国资本的形成意义重大。

中国能源安全尤为突出，主要表现为三个方面：首先，从总体上来说，中国是一个能源匮乏的国家，"地大物博"的说法名不副实。其次，在可预见的未来，中国能源需求将强劲增长，严重依赖外部能源的状况短期内不会得到根本转变。最后，世界新能源技术竞争激烈，数次工业革命主要体现在能源利用和深加工技术水平的优胜劣汰，能源安全的深度和广度不断拓展。作为一个世界性大国，在缺少能源的状况下，中国持续关注并解决能源安全问题，不仅仅是中国自身发展的现实需求，也是推动全球可持续发展和维护世界安全的重要前提。

本书围绕能源因素与中国宏观经济变量的关系，构建了SVAR模型从数量上分析能源价格冲击对中国经济产出、消费、资本形成、价格水平的动态影响。通过对主要宏观变量的HP滤波波动分析，总结出了中国经济周期波动的特征，并分析了能源因素在中国经济周期波动中的作用。在实证分析的基础上，本书基RBC经济周期波动理论，构建了一个包含能源因素的新凯恩斯主义的动态随机一般均衡模型（NK-DSGE），把能源因素引入到微观企业的生产过程中来，分析了能源市场价格波动对中国主要宏观经济变量的影响及其后果。本书的主要结论如下：

首先，技术因素是中国经济增长的决定性因素，也是中国经济周期波动的重要因素。中国 GDP 增速的年均波动幅度大约在 0.8%，相对于 GDP 年均增长 10% 的速度来说，经济周期波动幅度占 GDP 增长幅度的比例大约是 8/1000。就技术冲击来讲，技术冲击解释了产出波动的 52.213%。中国宏观经济不仅具有较好的增长表现，也有相对较好的波动表现，即经济增长波动较低。中国宏观经济的优良绩效主要来源于制度因素，体现了经济增长理论"技术进步是经济持久增长动力"的观点，制度冲击对中国经济周期也具有重大影响。

其次，中国能源价格受外部因素绝对影响，特别是国际石油市场。中国能源结构的特征是多煤少油，能源需求和供给区域分离，石油需要大量进口。从中国能源消费来看，1993~2012 年中国能源消费相对于 GDP 的弹性系数均在 20% 以上，其中 2002~2004 年能源消费相对于 GDP 的弹性达到 1.6，即能源消费增长 1.6 个百分点才能维持 GDP 1 个百分点的增长。其中，生活能源消费总量年均 15000 万~30000 万吨标准煤，占能源消费总量的比例大约为 10%；2003 年之前工业能源消费数量为 60000 万~120000 万吨标准煤，2003~2012 年大约是 180000 万~220000 万吨标准煤，占到能源消费总量的 40% 左右。从石油消费来讲，我国工业消费的石油数量年均在 8000 万吨左右，石油消费总量最高峰在 18000 万吨左右，2005 年之后石油的年均工业消费总量在 16000 万吨以上。我国石油消费占世界石油消费总量的 10% 左右，是发达国家的 2~5 倍。

再次，能源价格波动对我国产出波动影响较大，能源冲击解释了产出波动 17.997%。能源冲击对产出水平的影响时间大约是 15 个月，在前 5 个月之内能源冲击会导致产出下降，在 5~10 个月产出会重新增长并迅速增加，大约 15 个月之后能源冲击开始减弱，产出水平恢复到长期均衡水平。从能源冲击对资本存量的影响来看，资本存量波动的 34.36% 来自于能源价格波动，对资本存量有重要影响。

最后，能源冲击对我国物价水平具有重要影响，能源价格波动解释了我国物价水平波动的 28.333%。外部能源价格冲击对我国价格水平的影响分为前后两个时期：1992~2001 年，能源价格冲击与物价水平基本一致，能源价格对物价水平的影响较弱，而在 2002~2012 年，能源价格本身发生了剧烈的波动，而且能源价格对 CPI 的贡献越来越大。

本书利用宏观经济数据和一般均衡模型方法研究了能源因素与中国宏观经济波动的关系，全面刻画了能源因素与中国经济产出、价格水平之间的关系，为我国能源安全战略和经济增长提供了重要参考。与已有的能源研究文献相比，本书主要创新如下：第一，采用 SVAR 模型分析了能源因素对中国主要宏观经济变量的影响，实证揭示了中国能源因素在经济周期波动中的作用，全面反映了能源市场的波动对中国主要宏观经济变量的影响。第二，构建了包括能源因素的一般均衡模型，把能源因素引入生产函数，同时考虑到价格粘性，使用新凯恩斯动态随机一般均衡的框架来模拟中国实际经济周期波动，分析了能源冲击对中国主要宏观变量的传导机制。第三，本书对中国能源生产、消费和能源经济形势做了全面总结和数据分析，对于中国未来能源战略规划具有较好的参考价值。

针对中国能源价格波动与中国主要宏观经济周期的联系，本书从国家能源战略储备、市场化的能源价格机制、多元化的能源供给结构、能源消费的预警机制以及新能源政策调整等方面给出了政策建议。

目 录

第1章 引 言 ········· 001

1.1 全球能源供求形势分析 ········· 001
1.2 全球新能源和核能快速发展 ········· 004
1.3 我国能源市场改革和实践 ········· 006
1.4 能源对中国宏观经济的重要性增强 ········· 009
    1.4.1 中国经济的发展越来越依赖外部能源 ········· 009
    1.4.2 能源价格的市场化程度不断提高 ········· 009
    1.4.3 能源是中国经济中资本形成的重要因素 ········· 010
    1.4.4 能源价格波动与消费者习惯、消费结构有密切关系 ········· 010
1.5 本书的研究方法、创新与结构安排 ········· 010
    1.5.1 本书的研究方法 ········· 010
    1.5.2 本书的创新和贡献 ········· 012
    1.5.3 本书的结构 ········· 014

第2章 宏观经济理论及能源冲击研究评述 ········· 015

2.1 现代宏观经济学理论的演变与发展 ········· 015
    2.1.1 原始凯恩斯主义与局部均衡方法 ········· 015
    2.1.2 新古典综合派的一般均衡分析框架概述 ········· 016
    2.1.3 石油危机对宏观经济学理论的影响 ········· 018
    2.1.4 宏观经济周期理论的发展 ········· 019
2.2 动态随机一般均衡理论 ········· 021

2.2.1　DSGE 模型的主要特征 ·· 022
　　　2.2.2　DSGE 模型的发展简史 ·· 025
　　　2.2.3　DSGE 模型的主要应用 ·· 029
　2.3　能源冲击与宏观经济波动的理论和实证研究················· 030
　　　2.3.1　国内外经济周期研究 ·· 030
　　　2.3.2　能源影响宏观经济机制研究 ·································· 032
　　　2.3.3　能源冲击对各国经济冲击的研究 ··························· 036
　2.4　本章小结 ·· 040

第3章　中国宏观经济波动与能源关系的经验事实 ············ 041

　3.1　我国宏观经济周期波动的典型事实分析·························· 042
　3.2　我国能源市场与宏观经济的基本联系······························ 046
　　　3.2.1　外部能源市场的价格变化 ······································ 047
　　　3.2.2　我国能源生产、能源消费基本状况 ························ 051
　　　3.2.3　我国石油消费与世界主要国家的对比 ····················· 056
　　　3.2.4　我国主要能源战略储备 ·· 058
　　　3.2.5　能源价格与主要价格指数的关系 ··························· 063
　3.3　SVAR 模型：估计能源价格冲击对我国宏观经济的影响 ······ 066
　　　3.3.1　SVAR 模型的构建说明 ·· 067
　　　3.3.2　主要数据处理和变量选择 ······································ 068
　　　3.3.3　序列平稳性检验和模型的阶数识别 ························ 071
　3.4　SVAR 模型稳健性分析和 Granger Causality 检验 ············ 074
　3.5　模型估计结果分析 ·· 076
　　　3.5.1　能源价格冲击对物价水平的影响 ··························· 077
　　　3.5.2　能源价格对 GDP 的影响 ······································· 077
　　　3.5.3　方差分析和脉冲响应分析的主要结果 ····················· 079
　3.6　本章小结 ·· 082
　本章附录 ·· 084

第4章 新凯恩斯框架下含能源因素的一般均衡模型 ………… 100

- 4.1 消费品 ………………………………………………………… 101
- 4.2 家庭 …………………………………………………………… 101
- 4.3 最终品生产企业 ……………………………………………… 104
- 4.4 中间产品生产企业 …………………………………………… 105
  - 4.4.1 中间产品企业的基本假设 ……………………………… 105
  - 4.4.2 中间产品企业的优化问题 ……………………………… 108
- 4.5 政府部门 ……………………………………………………… 111
- 4.6 中央银行货币政策规则 ……………………………………… 113
- 4.7 资本运动方程 ………………………………………………… 114
- 4.8 资源约束 ……………………………………………………… 114
- 4.9 市场均衡 ……………………………………………………… 115
- 4.10 本章小结 ……………………………………………………… 116
- 本章附录 …………………………………………………………… 117

第5章 能源冲击对我国宏观经济波动的仿真模拟 …………… 123

- 5.1 模型稳态分析 ………………………………………………… 123
- 5.2 模型参数校准 ………………………………………………… 126
  - 5.2.1 基本模型参数的校准 …………………………………… 127
  - 5.2.2 经济冲击的相关系数估计 ……………………………… 128
- 5.3 模型对数线性化 ……………………………………………… 130
  - 5.3.1 消费者问题的对数线性化 ……………………………… 130
  - 5.3.2 最终产品企业的对数线性化 …………………………… 131
  - 5.3.3 中间产品企业的对数线性化 …………………………… 131
  - 5.3.4 政府预算平衡的线性化 ………………………………… 132
  - 5.3.5 中央银行货币政策规则的线性化 ……………………… 132
  - 5.3.6 资本运动方程的线性化 ………………………………… 132
  - 5.3.7 资源约束方程的线性化 ………………………………… 132
  - 5.3.8 经济冲击的线性化 ……………………………………… 132

5.4 经济冲击效应分解 ·· 133
5.5 本章小结 ·· 140
本章附录 ··· 141

第6章 应对中国经济能源价格波动的政策建议 ············· 146

6.1 本书主要研究结论 ·· 146
6.2 进一步的研究方向 ·· 148
6.3 政策建议 ·· 149
    6.3.1 国家能源储备制度应该更早建立 ················ 149
    6.3.2 我国应该建立市场化的能源价格机制 ············ 149
    6.3.3 我国能源资源的来源多样化 ····················· 150
    6.3.4 建立能源消费的预警机制 ······················· 150
    6.3.5 中国新能源政策要适当调整 ····················· 151

参考文献 ·· 152

后　记 ·· 162

第1章 引 言

1.1 全球能源供求形势分析

能源是经济发展最重要的资源。在全世界能源资源的产量中，煤炭最多，天然气次之，石油最少。全球能源资源分布不均，特别是化石资源生产和消费的区域分离，加剧了全球能源资源的紧张程度。2011年，全球煤炭资源生产量达到780亿吨，天然气产量大约为30万亿立方米，石油产量最少，为6亿吨。为了减轻能源特别是石油资源对一国经济的影响，不少国家开始建立石油资源的战略储备，提升国家资源储备能力应对国际政治、经济危机对能源需求的冲击。全球生产力的发展，生活水平的提高，工业企业的生产，国家整体综合实力的提升，都与能源资源紧密相关。

能源资源在经济中的作用不断增强，与工业革命相关。第一次工业革命以蒸汽机的发明为主要标志，煤、铁成为最重要的资源，其中煤炭作为工业动力和基础能源一直延续到今天。第二次工业革命以电力和内燃机车的发明为标志，电力成为最重要的动力资源，化石能源特别是石油、天然气开始成为世界最重要的能源资源。第二次世界大战之后，核能成为人类新发现的能源资源，世界核电发展对能源资源具有重要的战略意义。图1-1反映了1965年以来世界主要能源资源消费情况，石油、天然气、煤炭资源的消费量呈现不断上升趋势。

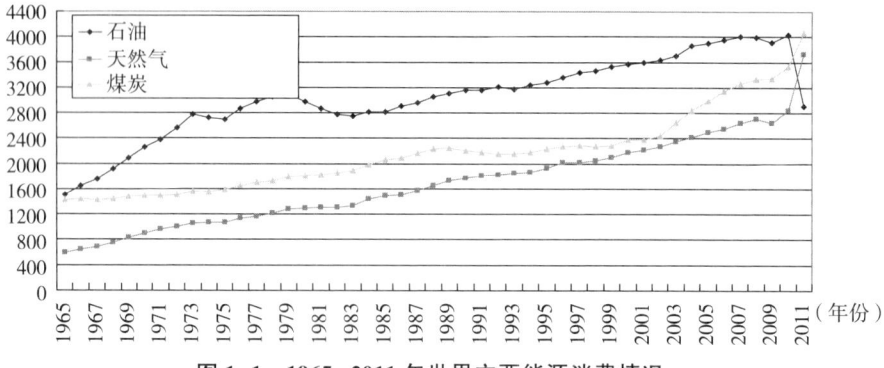

图 1-1　1965~2011 年世界主要能源消费情况

资料来源：BP 统计。

从图 1-2 电力生产情况可以看出，世界经济的发展严重依赖世界能源供给。电力生产和消费排序基本代表了国家 GDP 的综合实力，电力生产和消费的不断攀升，反映了全球经济对能源的依赖程度不断增强。发达国家电力资源的产量都比较稳定，呈现稳中有升的基本格局。中国电力生产从 2000 年之后迅速增长，在一定程度上反映了中国经济的飞速发展①。中国经济持续发展，人均生活水平提高，电力需求将会不断增长，中国经济对电力需求的迅速增长对能源资源供给形成了巨大的压力。

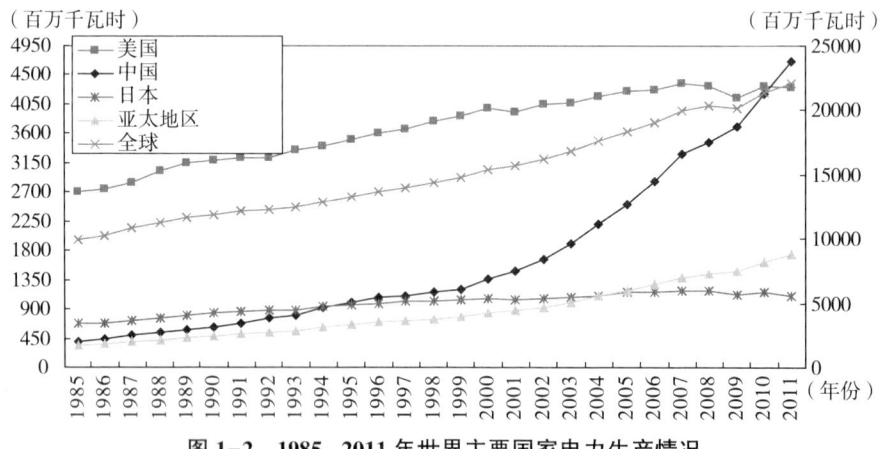

图 1-2　1985~2011 年世界主要国家电力生产情况

资料来源：BP 统计。

① 电力产量和 GDP 关系经常成为经济学家研究的重要内容，很多经济学家将电力生产和消费数据作为中国 GDP 的代理变量，但是二者的关系可能因为能源使用扭曲不具有替代性。比如，中国大规模发展炼铝消耗了大量电力，但是并没有转化为 GDP。

能源资源不仅彻底改变了人们的日常生活，化石能源的大规模使用也使空气中 CO_2 排放量猛增，数据分析表明，空气中 CO_2 的含量已从工业革命前的 280ppmv 上升到 379ppmv，使全球平均气温上升 0.74℃。尽管温室气体对某些国家具有较好的作用，如使植物的生长周期更长、耕地面积扩大，但是全球气候变暖也造成了全球极端天气不断出现，对人类的生存和地球环流的影响是巨大的。目前来看，全球气候变化对人类的影响具有高度的不确定性。图 1-3 反映了全球温室气体的排放情况，碳排放量整体呈不断上升的状态，2011 年全球碳排放量接近 350 亿吨。虽然发达国家碳排放量在世界碳排放量方面占据比例最大，但中国碳排放量在近期也呈现不断上升的趋势，达到了 80 亿吨左右，占到了世界排放总量的 40% 左右。关于能源与气候变化以及全球碳排放的问题，开始成为最重要的全球性问题。

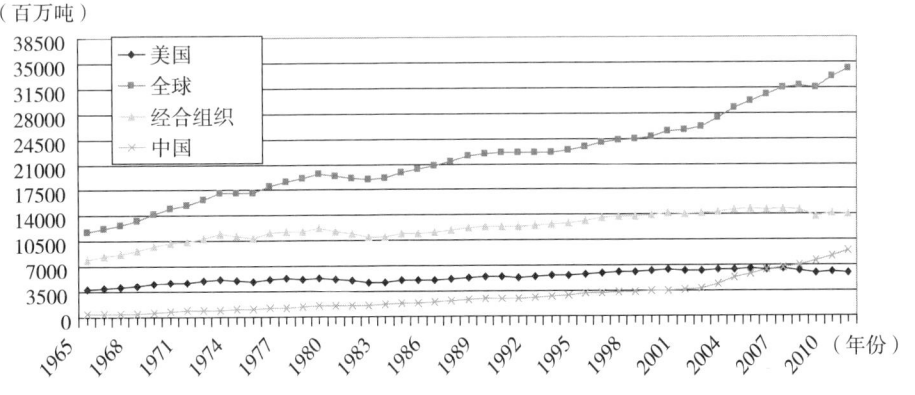

图 1-3　全世界主要国家和地区 CO_2 排放情况

资料来源：BP 统计。

世界各国在能源资源的争夺方面表现非常激烈，各个国家都在极力保护自己的石油运输和航路安全，同时在国际石油定价权上也展开争夺。国际石油定价体系以地域期货市场价格为基础，形成了以美国西得克萨斯轻质原油（WTI）、北大西洋北海布伦特轻质原油（BRENT）、迪拜原油计价为主的三大石油定价标杆，中国推出上海原油期货市场，逐步建立自己的石油期货市场。石油资源具有越来越多的金融产品属性，开始成为国际大宗商品，也成为国际金融交易标的。中国缺少充足的石油资源储备，石油资源消费量巨大,石油美元计价使中国很难获得石油定价权。石油交易大多以美元结算,极易受到美国货币政策的影响,石油作为重要的套期保值工具,在人民币尚未国际化的今天,石油资源的供给和需求冲击对中国经济影响巨大。今后一段时间,围绕国际石油资源的定价和结算,国际石油市场对各国经济的影响程度会进一步加深,因此能源资源与国家经济发展的关系更为密切。

1.2　全球新能源和核能快速发展

由于能源资源的紧张,特别是各国对于电力资源的巨大需求,加上气候变化对化石能源使用的限制,世界各国都在努力开发新能源。目前,世界各国开发的新能源主要有核能、风能、太阳能、生物能、海洋能等。图1-4反映了全世界新能源的开发和利用情况,太阳能所占比例一直较低,风能和生物能源所占的比例不断上升。

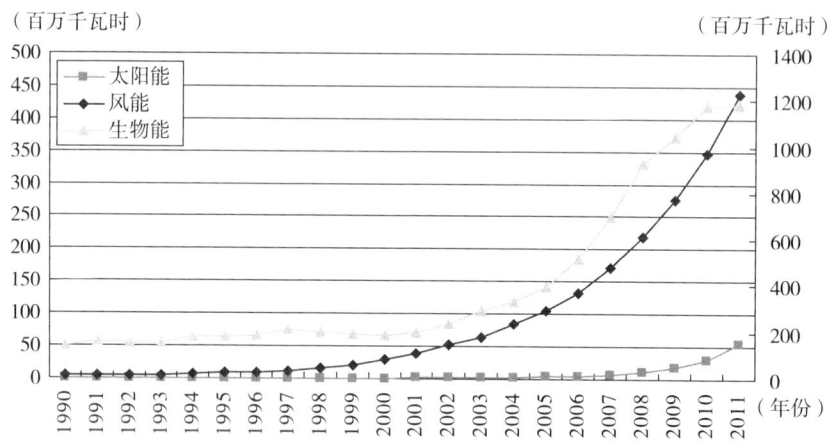

图1-4　1990~2011年世界主要国家和地区新能源的发展

资料来源:BP统计。

尽管新能源的开发和使用刚刚开始,但新能源也面临挑战和机遇:一方面新能源在人类能源消费中将发挥越来越大的作用,另一方面新能源自身的发展也面临着经济和技术困难,未来新能源在能源消费中的地位和对化石能源的替代性将是一个长期的过程，目前来看新能源对整个能源消费形势并没有根本改观，新能源本身在技术应用和市场化方面还有很长的路要走。

核能在新能源中具有举足轻重的地位，世界各国把核电发展放在优先位置。法国和日本等能源资源匮乏的国家，核电占到了能源总量的70%左右。核电因为清洁和不受自然条件限制，成为国家能源战略的首选。但是日本福岛核电站事故后，全球对核电的发展表现出了审慎态度，许多国家考虑到核电的安全性，重新评估核电资源，比如德国开始考虑把核电资源的比重全部降低，乃至核电最终退出整个电力能源体系。2012年，日本政府出台《能源基本计划》和《原子能政策大纲》，降低核电发展比例，努力扩大绿色能源。日本核电发展规划修改如下：两阶段实现"零核电"，2030年以前核电比例降低到15%，2050年前后关停核电站；严格执行核电反应堆运行寿命40年的规定，只有安全得到确认才能重启现有核电站；暂停新核电站建设。与此同时，2012年5月，英国能源与气候变化部公布《能源改革法》，改革重点是电力市场，全力扶持低碳电力，重点发展核电、可再生能源和普及碳捕获与封存技术（CCS）。英国在未来10年将关闭1/5的电厂，新的能源需求将需要1740亿美元的能源投资。

2011年，日本福岛核事故之后，日本停止核电机组延寿计划。与这些国家对核能的关停并转相比，美国、中国以及国际能源署对核能的开发利用热情不减，2012年7月，美国投资1300万美元重启核能创新，重点是培养核能科学家和核能工程技术人员，推动核能技术创新的基础性工作。同时，美国能源部投资1090万美元资助13个项目，帮助解决核工业的普遍挑战和改进反应堆安全、性能和经济竞争力。2012年2月，俄罗斯原子能委员会完成SVBR-100设计起草。2012年9月，国际原子能机构（IAEA）与世界核运营者协会（WANO）签署协议，加强核电运行经验及其他相关方面的信息交流。中国在核电发展方面雄心勃勃，未来能源发展战略中核电占有很大的比重。图1-5反映了世界核电发展的基本情况，世界主要国家核电产量较高，几乎占到了新能源的一半以上，中国核电发展的空间还很大，核电发展的速度也较慢。

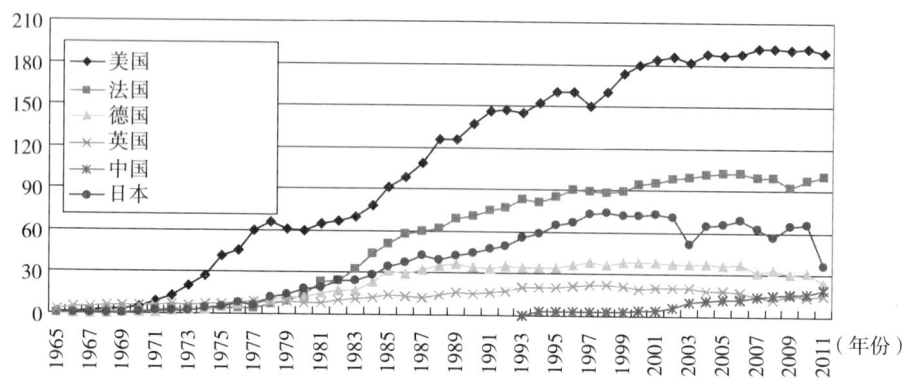

图 1-5 全世界主要国家核电发展情况

资料来源：BP 统计。

1.3 我国能源市场改革和实践

我国能源领域的改革主要包括两方面：一方面是电力市场体制改革，另一方面是我国主要能源资源煤炭、石油、天然气的定价机制改革。这两方面的改革可以说是我国能源市场的基础性工作，这两个改革的共同特征是国家宏观调控下的市场化改革，主要目标是促进资源的有效使用和保障我国的能源安全，为社会经济发展提供能源资源。回顾我国能源市场的改革和实践，对于我们理解能源因素在中国经济中的重要地位是非常必要的，也是本书分析能源与宏观经济联系的基本出发点。

2002 年，我国开始电力改革。我国电力体制改革的起源是因为西电东送，将三峡电力从华中和长江流域送到广东省、上海市等经济发达地区。电力改革基本思路是国企改革的"政企分离"原则，把政府管理职能从电力公司分离出来；同时把国家电力公司"发电企业"和"电网输配业务"分离开来，即实行"电网分离"。"电网分离"以后，发电领域形成了五大发电集团较为合理的市场竞争，同时为了促进输电企业的有效竞争，国家考虑当时电网建设的现状，将西电东送电网合并为南方电网，将国家电网公司一分为二，从而形成了南方电网和国家电网并存的竞争局面。借鉴英国模式成立电监会，李鹏提议电监会为正部级单位，从而形成了我国电力市场的现状格局。

电力体制改革的主要思路是划分五大电力公司，引入多种所有制结构。国家电力公司分成五大发电集团，同时允许中外合资企业、民营企业和非电力企业参与发电。改革之前，全国共有6个电管局，即东北、西北、华北、华中、华东、南方。对电网改革的争议比较大，主要是"一张网"和"六张网"，即把6个电力大区变成6个电网公司。电网分开只是把全国垄断变成了区域垄断，基于输电网络建设的高成本和自然垄断性质，最后在各方力量的妥协之下，国家电力公司分成了国家电网和南方电网。南方电网在西电东送基础上建成，改革之前已形成云南省、贵州省、广西壮族自治区、广东省联网雏形。

相对于发达国家，我国能源利用效率较低，与我国能源定价机制有关，过低的能源价格不能反映能源资源的稀缺性，从而对外部环境产生巨大的负外部性。林伯强（2014）认为，我国能源定价应该坚持全成本的原则，即能源定价要考虑生产成本和环境成本。鉴于我国能源资源对经济的重要作用和我国能源稀缺的基本特征，我国能源定价完全市场化可能并不合适，建立基于市场化的有管理的能源定价机制可能更合适。目前，我国对电力、煤炭、石油市场的定价机制开始健全，煤炭的市场化建设基本形成，电价和石油资源的定价问题仍然在不断探索。

其一，煤炭定价。煤炭是我国最重要的能源之一，在一次能源结构中的比例为70%。煤炭在1993年之前由政府定价，1993~1998年实行价格"双轨制"，对计划内的煤炭采用政府指导价格，对计划外的煤炭采用市场价格。1998年以后国家开始市场化改革，探索煤炭市场交易机制。2002~2008年，我国初步形成企业自主定价、协商定价的新机制，煤炭价格体系面临的主要问题是煤炭铁路运输瓶颈以及煤电价格体系没有理顺。

其二，电力定价机制。我国电力改革的时间较早，改革的基本思路是电网分离。电价改革包括上网电价、输配电价、销售电价三个部分。《电价改革方案》自2003年出台，基本原则是上网电价在区域市场由竞争形成，输、配电价由国家制定，销售电价与上网电价联动。目前，上网电价由政府价格主管部门按照成本、收益和税金核定，政府价格主管部门制定上网电价事先向社会公布，同时上网电价将与燃料价格实行联动。输配电价格由政府按照"成本加收益"的原则制定，发改委与电监会制定输配电价格成本监审办法。销售电价竞价初期由政府管理，配电与售电分开后由市场竞争形成。我国销售电价分为三类：工业电价、居民电价、工商业及其他电价。农业电价与居民电价实行定期校核和调整，调整居民电价前需依法召开听证会；工商业及其他电价与上网电价实行联动定价。

其三，成品油定价机制。原油的定价主要采取由政府定价到以国际石油价格为基础的市场定价，1998年，原国家计委制订《原油成品油价格改革方案》，规定原油、成品油价格与国际市场接轨，参考新加坡汽油、柴油上一个月的价格，调价基准为5%。国家公布汽油、柴油的零售价作为基准价，两大石油集团在上下浮动5%的幅度内制定最终零售价格。1998年改革之后，原油价格开始与国际市场接轨，两大石油集团内部油田与炼厂之间购销的原油价格由其自主制定。2001年，发改委不再规定原油价格，由两大石油集团自行确定后报国家发改委备案。后来，发改委进一步调整成品油定价机制，汽柴油价格与新加坡、鹿特丹和纽约三地市场挂钩，权重为6∶3∶1，将国际油价变动范围改为8%，并放开煤油、化工轻油和燃料用重油的价格。2006年，受国际石油价格波动的影响，原油价格由直接接轨改为间接接轨。根据布伦特、迪拜、米纳斯原油现货价格确定出厂价，当国际原油连续22个工作日非浮动平均价格变化超过4%时调整出厂价格，价格调整时间周期小于10天。原油价格定价制度存在的主要问题是价格调整的幅度和频率如何确定，我国如何参与国际石油基准价格制定。

回顾我国能源市场改革和实践，能源的市场化建设速度不断加快，主要能源资源与国际市场的联系将会越来越紧密，国内能源消费的价格受国内需求的影响越来越大，未来能源市场在经济中的地位将不断上升，这给我国的能源战略带来了新挑战。

1.4 能源对中国宏观经济的重要性增强

从世界能源市场的发展现状、未来新能源的发展趋势以及我国能源市场化进程的回顾来看，能源与经济的关系不仅在世界范围内具有非常重要的意义，对于中国经济持续健康发展意义也重大。对于中国经济来说，我国对外部世界能源的依赖性比较大，而未来世界新能源的发展形势并不乐观，中国能源市场化建设不断推进，能源与气候变化的关系更为密切，从而使能源对中国经济的影响比较深入。这种影响，一方面表现在战略层面，包括国家经济安全和能源保障，乃至整个国家综合国力上升、人均生活水平提高；另一方面是能源作用于经济的渠道会发生变化，能源与经济的相互影响将越来越强，反映能源市场核心的价格因素在资本形成、消费支出、人均产出方面将具有深远的影响。

1.4.1 中国经济的发展越来越依赖外部能源

伴随着经济水平的提高，能源消费不断上升是基本规律。中国人均收入水平要继续提高，经济要保持高速增长，对能源的消耗和需求会不断增大。特别是在化石能源供应日趋紧张、新能源开发不确定的情况下，化石能源可能成为制约中国经济进一步发展的瓶颈。从中国经济发展的能源消耗量就可以看出，能源消耗和中国经济的发展具有相同趋势。短时间内，中国工业化加速推进会对能源需求和结构有重大影响，而未来能源与经济的关系并不明朗。

1.4.2 能源价格的市场化程度不断提高

中国能源结构不平衡，以煤为主导，石油和天然气存量较小。中国的能源结构对能源价格的影响是相当显著的，能源价格极容易受到外部供给因素的影响。因此能源价格波动将会伴随着经济发展的过程，深刻影响到中国能源消费结构和宏观经济的总量水平。未来，能源市场和外部市场接轨之后，中国是能源消费大国，能源价格受到内生需求的影响，可能对国际能源价格产生相当大程度的影响。

1.4.3 能源是中国经济中资本形成的重要因素

能源对于资本形成具有重要作用。在工业化的过程中，资本的能源密度正在不断上升，反映了资本积累的一种趋势。尽管各个国家资本的能源密度不一样，主要受产业结构的影响，但是资本的能源密度在一定程度上代表了生产能力和产出能力。能源在资本形成中的作用主要是促进节能减排的技术进步以及资本设备更新，避免了高耗能行业的发展，成为全球解决经济发展与气候变化最关键的因素。各国如何刺激资本的能源密度降低，除了技术约束之外，市场约束也是相当有效率的一种方式，发挥能源价格在气候治理中的作用具有系统性的作用。

1.4.4 能源价格波动与消费者习惯、消费结构有密切关系

随着生活水平提高，人均能源消费会不断上升。从发达资本主义国家来看，能源消费与生活质量基本是正相关的。能源价格对我国宏观消费影响会越来越大：一方面，能源价格是消费者物价指数的重要组成部分，能源价格计入消费者物价指数使能源价格波动对物价指数的影响越来越大；另一方面，可持续发展的要求对能源消费的环境效应越来越关注，对绿色能源的需求不断增加，对高耗能资源的环保要求提高，能源定价机制与可持续发展需求关联性不断增强，从而真正提高能源资源使用的效率，保证健康持续的消费方式。

1.5 本书的研究方法、创新与结构安排

1.5.1 本书的研究方法

本书采用计量模型和动态随机一般均衡的研究方法，构建了包含能源因素的中国宏观经济分析模型，对能源价格变化对我国主要宏观经济变量

冲击进行了数值模拟。

首先，本书使用描述性统计方法分析了我国能源市场的基本情况。本书利用英国石油公司年度统计（《BP石油统计年鉴》）、《中国统计年鉴》中的最新数据分析了我国能源经济的基本现状，对我国能源生产、消费、对外依存度、能源市场机制改革以及能源市场面临的严峻形势进行了全面回顾。这种研究是通过数据性分析，而不只是理论说明，从直观上对我国的能源经济进行了全方位的把握。

其次，本书构建了我国宏观经济冲击的结构化向量自回归模型（SVAR模型），对能源外部冲击对我国产出和通货膨胀的影响进行了量化分析。使用SVAR结构模型，主要是考虑到我国能源消费需求较大，能源价格可能是宏观经济系统的内生变量。与现有的能源冲击模型相比，建立结构化向量自回归模型（SVAR模型）分析关键在于数据选择和模型选择，本书使用1992~2012年的季度数据，模型参数的稳健性要比现有的计量模型更好；同时计量经济学模型为理论模型的建立打下了良好的经验基础，可以将计量经济学模型结论与我国能源冲击的理论模型相对照，对我们最终模型的评判具有较好效果。

最后，本书使用新凯恩斯动态随机一般均衡模型（NK-DSGE）的基本框架建立了中国宏观经济的能源冲击基准模型。新凯恩斯主义基本框架是分析非完全市场竞争一个用途广泛的理论模型。选用DSGE作为分析框架，可以分析外部冲击对我国主要宏观经济变量的影响程度。在经济增长过程中，经济增长理论认为增长趋势对宏观经济整体福利来说非常重要，但是经济短期的周期波动对经济同样有重大影响。根据Lucas（2000）的福利分析结果，经济周期波动会带来较大福利成本，因此本书从周期波动的角度分析了能源冲击对我国经济的福利影响。中国经济受到的冲击不仅包括能源冲击，如果单独分析能源冲击就会影响冲击分析的准确性，技术冲击也是影响我国经济波动的重要原因。为了更准确地分析能源冲击对我国经济的影响，本书在模型中分别引入了利率冲击、政府支出冲击、货币增长冲击、技术冲击等其他的外部冲击，模拟了经济中的产出和通货膨胀受到外部冲击的动态结果。

之所以采用新凯恩斯主义的分析框架：一方面是因为我国价格粘性

在能源市场表现比较突出，我国能源市场的价格长期以来受到政府的宏观调控，能源价格粘性非常突出，我国商品市场的价格粘性程度较大，这些特征符合新凯恩斯主义模型设立的基本环境；另一方面是使用新凯恩斯主义分析框架可以分析货币政策的主要作用，能源价格会影响通货膨胀水平，如何将能源冲击和货币增长冲击区别开成为模型分析的关键，本书在新凯恩斯主义分析框架下引入货币政策，对于实际经济的解释效果更好。

本书的基本研究思路：首先基于标准的 DSGE 模型分析技术，求解消费者、企业、政府、货币当局的优化问题，得到了模型的一阶条件，然后求得模型的稳态并进行对数线性化，最后使用 DYNARE 软件编程计算模型结果。模型求解之后，对模型进行了稳健性分析，并模拟了经济受到能源价格冲击的主要动态变化过程。本书分析了能源价格对我国主要宏观经济变量冲击的时间周期，比较了能源计量经济学模型和我国宏观理论模型的基本结果，发现包含能源冲击可以更好拟合我国宏观经济的波动特征。

1.5.2 本书的创新和贡献

本书利用宏观经济学最新理论模型，建立符合我国宏观经济特征的能源分析模型，分析了能源冲击对我国主要宏观变量的影响，从数量上刻画能源价格波动对我国实际经济的动态影响，系统总结我国能源经济的基本现状和发展趋势，为我国的能源发展战略提供科学基础。

与现有的中国能源研究文献相比，本书主要创新如下：

第一，关于我国能源经济形势的分析。本书使用最新的英国石油公司统计数据，对我国能源经济的全貌进行了数量分析和比较，对我国未来能源市场面临的国内外现状进行了总结，为我国科学制定能源战略做好了数据准备和统计分析基础。本书使用大量的数据和图表来分析我国能源市场的生产和消费现状以及我国能源市场与外部能源市场的关联度，明确了我国能源资源在世界能源生产消费中的重要地位。

第二，本书采用 SVAR 模型分析了能源冲击对我国主要宏观经济变量的影响，实证揭示了我国能源因素在经济周期波动中的作用，全面反映了能源冲击对我国主要宏观经济变量的影响。与以往能源冲击模型相比，本书在数据频率和估计稳健性上更为贴近实际，本书使用了1992~2012年我国产出、消费、投资、消费者物价指数、工业增加值的增长率、外部能源价格、净出口总额的季度数据，讨论了能源价格的内生性问题，对模型的稳健性进行了检验。SVAR模型不仅在数据上测算出了我国能源价格冲击对经济的动态影响，而且为后面宏观模型的评价打下了良好的基础。一般的能源冲击模型没有对宏观模型和计量经济学方法进行比对，本书根据DSGE模型的分析方法，将SVAR的模型结果与宏观理论模型进行比对，这样使宏观能源模型具有更强的预测能力。

第三，构建了包括能源因素的一般均衡模型，把能源因素引入生产函数，同时考虑到能源市场价格粘性，使用新凯恩斯动态随机一般均衡的框架来模拟我国实际经济周期波动，分析了能源冲击对我国主要宏观变量的传导机制。本书根据新凯恩斯主义一般均衡模型的框架，构建了包括家庭、企业（中间产品企业、最终产品企业）、政府、中央银行四大经济主体构成的一般均衡模型，主要实现了三个目的：其一，把能源因素引入了一般均衡模型的分析框架。能源进入生产函数，改变了传统柯布—道格拉斯生产函数（C-D生产函数）的基本设定，本书假定能源作为独立的生产要素在经济中独立出来，形成了包括资本、劳动、能源三种要素的生产函数模型，为能源进入生产部门提供了渠道；其二，为了符合我国的宏观经济特征，我们在模型中引入了货币作用和粘性价格，这些因素符合我国经济短期波动的特征，能够更为科学、合理模拟中国经济的实际情况，更能将能源因素的冲击分离出来，为模型的稳健性打下了良好的基础；其三，与现有的能源宏观模型相比，本书的模型不仅分析了能源冲击对我国产出的影响，而且分析了能源价格冲击给我国经济带来的价格效应。

第四，本书具有重要的实践价值和政策价值。科学规划我国的能源发展战略，离不开对能源市场的分析以及能源价格冲击对我国主要宏观变量的数量分析，本书使用数据模拟的基本技术，对能源市场冲击的宏观影响进行了详细分析，可以为我国能源市场价格和产出的政策制定提供依据。

1.5.3 本书的结构

本书分为6个部分。第1部分是引言，主要介绍选题背景和意义，介绍模型使用的主要方法和技术，总结本书主要理论贡献和创新。第2部分是理论和文献综述，综述了宏观经济学和DSGE模型的发展脉络，对宏观经济学理论和模型的理论基础进行了详细分析，并综述了能源宏观模型的研究现状，国内外对能源冲击与宏观经济关系的实证结果。第3部分是中国宏观经济波动的典型事实和能源经济现状分析，这部分是数据分析和描述部分，主要对能源市场现状进行了总结和分析，构建SVAR模型来分析能源冲击对我国实际经济的主要影响。第4部分为新凯恩斯框架下能源因素的一般均衡模型，构建了包含能源因素的动态随机一般均衡模型，对消费者、企业、政府和中央银行进行建模，模型给出了主要的一阶条件和均衡条件，并对主要的外部冲击进行设定。第5部分是模型主要结论，主要就新凯恩斯动态随机一般均衡模型（NK-DSGE）的求解和动态模拟，包括模型的参数校准、模型稳态求解以及能源冲击对我国宏观经济影响的模拟，分析了包括能源冲击的5种外部冲击对宏观经济的影响方式，对我国产出和通货膨胀的影响。第6部分是本书的主要结论，总结了我国能源市场的基本现状，能源冲击在我国经济周期波动中的重要特征，能源冲击对主要宏观经济变量的影响，并分析了本书的政策含义。

第❷章
宏观经济理论及能源冲击研究评述

本章对宏观经济理论和能源冲击的研究文献进行了全面综述，全面介绍模型依托的宏观经济学理论流派和理论嬗变、新凯恩斯动态随机一般均衡理论模型（NK-DSGE）的方法理论评述以及国内外对于能源冲击研究的主要理论和实证结果。本章结构如下：第 2.1 节介绍宏观经济学理论的演变和发展，为介绍动态随机一般均衡的理论作铺垫；第 2.2 节介绍新凯恩斯动态随机一般均衡理论的主要内容，包括模型主要特征、发展简史和新凯恩斯动态随机一般均衡理论模型（NK-DSGE）在宏观经济研究中的应用；第 2.3 节介绍能源冲击与宏观经济周期波动的相关研究，反映了能源冲击在宏观研究中现有的主要结论，以及能源冲击对中国宏观经济影响的实证结果；第 2.4 节对本章进行了小结。

2.1 现代宏观经济学理论的演变与发展

2.1.1 原始凯恩斯主义与局部均衡方法

DSGE 理论的发展和宏观经济学的发展是分不开的，是现代宏观经济学主流和前沿的分析方法，对于经济学理论和政策实践都具有非常重要的意义。现代宏观经济学的发展大致经历了这样一些阶段：凯恩斯主义、货币主义、新凯恩斯主义、新古典宏观经济学。其中大大小小的流派，我们不再详述。对经济学来讲，20 世纪经济学领域发生的最重大变革是宏观经济学的崛起（Woodford，1999）。宏观经济学起源是凯恩斯主义，本书不讨论凯恩斯主义在政策实践上的应用，就学术发展来看，凯恩斯主义分析框架为一般均衡理论研究开创了新范式。凯恩斯主义的分析框架是局部均衡理论，其核心 IS-LM 模型是一个局部均衡的模型。在 IS-LM 模型中，宏观经济学讨论了商品市场均衡的条件（IS 曲线），货币市场均衡的条件（LM 曲线），IS-LM 模型假设经济的价格水平是固定的，在价格水平固定的基础上讨论市场需求，是一种局部均衡的分析方法。在 IS-LM 局部均衡的分析框架下，可以得到货币市场和商品市场均衡时候产出和利率的均衡关系 (y, r)。凯恩斯主义经济学认为，经济学中的需求是最重要的，经济学中的供给是充足的，因此凯恩斯主义经济学的本质又被称为"需求管理学派"，图 2-1 反映了凯恩斯主义的需求管理对经济学的重要作用。凯恩斯主义很好地解释了大萧条的经济原因，也被称为"萧条主义的经济学"，凯恩斯主义提出包括积极的财政政策和货币政策工具，为政府管理经济提供了有效的管理手段。凯恩斯主义对经济学的贡献是提出了局部均衡理论，对政策上的贡献是提出了政府管理经济学，凯恩斯之前的政府在经济管理上是毫无办法的。

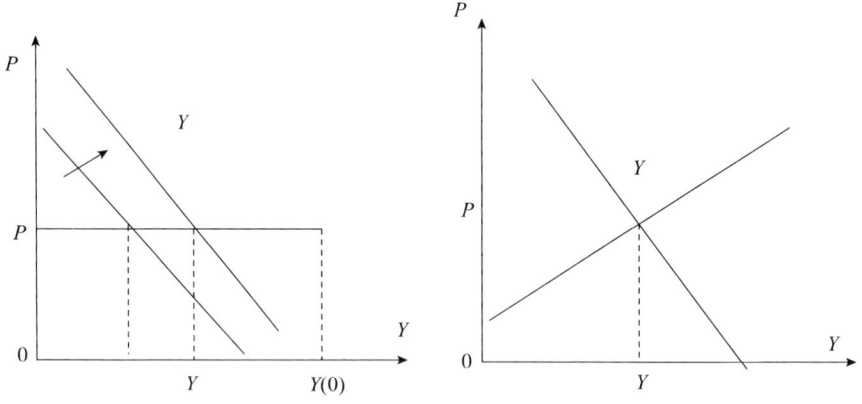

图 2-1 凯恩斯主义"需求管理"效果和古典主义的区别

2.1.2 新古典综合派的一般均衡分析框架概述

原始的凯恩斯主义总供给曲线是水平的，以萨缪尔森为代表的新古典综合派对原始的总供给曲线进行改造，认为经济中的产出弹性不是无穷大的，即产出水平与价格水平是相关的，产出随着价格水平上升而上升。新古典综合派的总供给曲线就是菲利普斯曲线，这两者之间是一致的。传统的菲力普斯曲线（A. W. Phillips, 1958）认为工资变化率和失业率成反比，菲利普斯通过统计方法得出工资变化率和失业率的联系，其中，$\hat{W}_t$ 表示工资增长率，u 表示失业率，工资和失业率是负相关的。即，$\hat{W}_t = W(u)$，$W_u \leq 0$；$\hat{W}_t = \hat{P}_t$，故 $\hat{P}_t = P(u)$，$P_u \leq 0$，$\pi_t = \hat{P}_t$，故最早的菲利普斯曲线公式：$\pi_t = \pi(u) = -\alpha(u_t - u_n)$，$\pi_t \leq 0$，$\alpha \geq 0$。Baily, M. N., Phelps, E. S. 和 Friedman B. M.（1978）对建立在适应性预期条件下通货膨胀理论进行了抨击，即如果存在理性预期，长期通货膨胀和失业率的相互替代可能并不存在，从而提出了货币中性的说法。附加预期的菲力普斯曲线如下：$\pi_t = \pi_t^e - \alpha(u_t - u_n)$，其中，$\pi_t^e$ 表示预期的通货膨胀，适应性预期认为预期的通货膨胀等于上一期实现的通货膨胀 π_{t-1}。在 $\pi_t^e = \pi_{t-1}$ 的条件下，适应性预期条件的通货膨胀与失业率的关系就是通常意义的菲利普斯曲线：$\pi_t = \pi_{t-1} - \alpha(u_t - u_n)$，如果经济主体是理性预期的，即 $t-1$ 期预期的通货膨胀正好是第 t 期实际的通货膨胀，则 $\pi_t = \pi_t - \alpha(u_t - u_n) = 0$，即经济中不存在失业率和通货膨胀的相互替代。

经济学家 Arthur M. Okun（1960）在研究美国经济增长率和失业率的变化规律时，得出了经济学上著名"奥肯定律"：$u_t - u_n = -\beta(y_t - y_n)$，其中，$u_n$ 表示自然失业率，u_t 表示 t 期的失业率，y_n、y_t 分别表示第 t 期经济充分就业的增长率和实际增长率。失业率和产出缺口是紧密相关的，失业率偏离均衡水平的大小与经济中的产出缺口相关。经济中的总供给曲线，即产出增长和价格水平的变化关系是 $y_t = (1/\alpha\beta)(\pi_t - \pi_n) + y_n$。因此，新古典综合派再次从局部均衡的分析框架跨入到一般均衡的分析框架，新古典综合派在理论上的巨大成功和政策实践上的作用，在很大程度上是融合了一般均衡的基本思想。

总体来看，新古典综合派的理论和主张如下：首先，菲利普斯曲线是新古典综合派重要的政策方程。在新古典综合派的政策框架下，菲利普斯曲线是重要的政策分析工具，政府能够利用价格和产出的替代关系来推动经济发展，保证充分就业率水平。其次，新古典综合派把凯恩斯主义的经济政策和供给曲线融合起来，构造了新的一般均衡框架。虽然新古典综合派的一般均衡框架总体是静态的①，但是新古典综合派的总供给—总需求模型克服了凯恩斯主义的局部均衡分析方法，重新考虑一般均衡框架，新古典综合派把IS-LM分析框架置于一般均衡模型的框架下，使原始的凯恩斯主义得到了典型应用。

2.1.3 石油危机对宏观经济学理论的影响

20世纪70年代之前，在宏观经济学中占主导地位的是新古典综合派，这个学派以萨缪尔森为首，信奉凯恩斯主义经济学，把古典主义和凯恩斯主义融合起来，获得了经济学理论上的巨大发展，而且成为世界各国制定经济政策的主要理论依据。新古典综合派在经济学历史上，特别是宏观经济学历史上具有跨时代的发展意义，使经济学第一次成为系统地指导政策实践的经济学理论，萨缪尔森也成为一代经济学大师，即"经济学通才"。萨缪尔森之后，经济学家不再进行综合性研究，主要分别研究不同领域。尽管我们可以看到新古典综合派在理论上明显有"人为糅合"的痕迹，并没有解决总供给和总需求分析框架的理论基础，后面我们将会看到，真正解决新古典综合派的理论基础是动态随机一般均衡理论。

石油危机给现代宏观经济学带来了新挑战。石油危机之前，新古典综合派对宏观经济的分析与实际经济数据具有较好的拟合程度。20世纪70年代石油危机到来，通货膨胀和经济增长停滞，对新古典综合派的解释能力提出了质疑，供给学派开始研究经济中的供给冲击对整体经济的影响。供给冲击不仅成功解释了70年代美国经济的"滞胀现象"，而且为后来经济冲击研究提供了基础，冲击的概念和内涵在以后宏观经济学的研究中获得了广泛使用，特别是在一般均衡理论之中。

石油危机之后，凯恩斯主义的主体地位开始动摇，发展方向开始出现分野：其一，新古典综合派坚持凯恩斯主义立场的经济学家，开始对凯恩斯主义进行改造，对劳动市场的刚性和粘性进行了研究，引入更多经济环

---

① 新古典综合派把行为方程利用一般均衡的分析框架整合起来，特别是考虑经济达到均衡状态时主要宏观变量的相互影响关系，但它分析的是一般均衡模型的稳态水平，并没有分析经济从非稳定状态到稳定状态的时间路径，新古典综合派整个分析框架是静态的。

境中的刚性和粘性机制来改善凯恩斯主义的解释能力，发展出一系列改进的凯恩斯主义。其二，反凯恩斯主义者开始寻求新的发展方向，主要是货币主义、理性预期学派和新古典宏观经济学。这几个学派具有共同的特征：经济学中的名义变量和实际变量是分开的，名义变量在短期内可以促进经济的发展，但是决定经济长期发展的变量是实际变量。货币主义学派认为，货币在经济中的作用是中性的，货币政策在长期内与物价水平正相关，短期货币政策可以影响经济，长期货币政策不影响经济增长。理性预期学派更是直接否定凯恩斯主义的菲利普斯曲线，认为政府不能使用产出和通胀的替代关系来执行经济政策。新古典宏观经济学认为，经济增长主要取决于技术进步，经济中的周期波动是因为外生冲击带来的。

总之，石油危机或者说供给冲击给宏观经济学的启发是多重的。石油危机带来了宏观经济学上重要的"卢卡斯批判"（Lucas R. E.，1976）、弗里德曼的货币主义理论崛起以及后来 Kydland 和 Prescott（1982）提出的真实经济周期（RBC）理论。宏观经济学之所以能够出现如此纷繁复杂的局面，与石油冲击带来的宏观经济的复杂性密不可分。虽然不能判断石油危机到底与实际经济有什么样的联系，但是石油危机给宏观经济学的理论研究带来了大繁荣。

2.1.4 宏观经济周期理论的发展

宏观经济学经历了理论和实践的不断磨合，现代宏观经济学基本分成两大发展方向：

一是现代宏观经济增长理论。这方面的代表人物为 Solow（1956），Ramsey（1927），Cass（1965），Koopman（1965），OLG 模型建立者 Diamond（1965），内生增长理论代表人物是 David Romer（1986）、P. Romer（1990）、Aghion Howitt（1992），干中学模型建立者是 Arrow（1962）。宏观经济学的经济增长理论是现代经济学中非常重要的部分，探讨了经济增长的主要原因和各国收入差距扩大的原因，成为现代宏观经济学中最有活力的领域。经济增长理论还在不断发展，未来也是经济学中非常重要的研究方向。

二是宏观经济学研究短期行为的经济周期理论，或者称为"波动理论"，是现代宏观经济学的另外一个发展方向。经济周期波动的理论主要来自于 Kydland 和 Prescott（1982）的实际经济周期理论，开创了现代经济周期波动研究的先河，这是动态随机一般均衡理论的真正发端。实际上，凯恩斯主义也是研究短期经济周期波动理论，凯恩斯提出的乘数理论和汉森总结的 IS-LM 模型对短期宏观经济理论和政策进行了较好的研究。凯恩斯主义经济周期理论和实际经济周期理论并称为现代两大经济周期理论。当经济时间序列可以分解为经济趋势项和波动项之后，我们可以把宏观经济学研究分成两大类别：一个是宏观经济的长期趋势问题，即经济增长问题；另一个是宏观经济学的周期性波动问题。在观察各国经济数据时，宏观经济不仅在长期表现出了增长趋势，地区和国家之间收入差距会不断缩小，或者地区收入差距会不断扩大；同时我们发现，各国经济周期波动也是非常强烈的，反复出现经济衰退、复苏、繁荣、衰退……周而复始的现象。

经济的周期波动性研究对于宏观经济学和现实世界具有更重要的意义。用凯恩斯的话来说，"从长期来看，我们都死了"，经济学家更关心短期内经济的发展问题，特别是经济冲击波动给产出和就业等主要宏观经济变量带来显著影响。相对于长期产出的增长研究，经济增长的趋势不是短期内能够发生改变的，但是经济周期波动是影响现实经济非常重要的方面。尽管增长趋势是非常重要的问题，但是经济周期波动对我们的政策实践意义更大。

从上述分析我们可以看到：凯恩斯主义和实际经济周期理论均关注经济短期波动的现象，但是二者有显著区别。凯恩斯主义的经济周期波动理论和实际商业周期的经济波动理论二者都是解释现代商业周期的主要理论，从解释现实经济现象的成功经验上来看，二者并没有高下之分。二者的显著区别：其一，凯恩斯主义的经济周期波动理论关注名义变量变化带来的显著影响，凯恩斯主义的经济周期波动的理论框架是静态的，凯恩斯主义的行为方程是经验主义的；其二，实际商业周期理论具有较好的微观基础，建立在一般均衡的模型框架之上，经济中的外部冲击是随机的，是具有理性选择的商业周期理论。目前来看，实际商业周期理论或者动态随机一般均衡模型是现代宏观经济前沿的分析方法，对经济学的发展意义也是重大的。

2.2 动态随机一般均衡理论

动态随机一般均衡理论（Dynamic Schochastic General Equilibrium）产生于20世纪80年代宏观经济学研究过程之中。均衡概念最早来自于亚当·斯密（1776），是指经济系统的供给和需求达到平衡时市场出清。但是，亚当·斯密的《国富论》并没有均衡这个概念，也没有市场出清这样的说法。均衡是一个物理学的概念，经济学家用其来指经济系统的稳定状态，值得注意的是，经济稳态并不是唯一的，而且动态之间也会发生转移。一般均衡的经济学思想最早来自于瓦尔拉斯（1874）在《纯经济学的要义》中给出的市场出清的基本条件：在一个完全竞争的市场体系下，如果存在 n 个独立市场，只要 $n-1$ 个市场出清，则第 n 个市场自动出清。根据瓦尔拉斯定义的经济学，微观经济学理论中有著名的瓦尔拉斯需求，即 $x(p, w)$，其中 p、w 分别表示市场价格和消费者个人的财富，表示消费者在预算约束条件下对商品的最终需求。

动态随机一般均衡理论的广泛使用与一般均衡理论的发展是分不开的。Deuru 和 Arrow（1952）证明了一般均衡理论框架，从数学上给出了福利经济学第一基本定理，从而使一般均衡理论有了科学的数学基础，使马歇尔供给需求原理在数学上得到了证明[①]。一般均衡理论给经济学创立了一个逻辑严密、有严格数学基础、对经济现实问题分析的基本框架，可以说是现代经济学最重要的基石。一般均衡理论是经济学在概念和数学基础上非常完备的理论，为现代经济学告别"文字加统计描述"式的研究模式画上了句号。对一般均衡理论的研究和综述，可以参考著名微观理论教科书，即 Andreu Mascolell、Michael D. Whinston 和 Jerry R. Green（1995）。一般均衡理论既是微观经济学的基本理论，同时也是现代宏观经济学的基

---

① 一般均衡理论在数学上的证明是比较复杂的。一般均衡理论对效用函数、生产函数都有严格的凹凸性假设，对消费者偏好也有严格设定，在一个纯交换经济的条件下，可以结合数学上的不动点定理给予证明，一般均衡理论的确立给经济学奠定了科学基础，使经济学与物理学有了可比性，不再是纯粹的社会科学，Debru 也因这个基础性的工作获得诺贝尔经济学奖。

石，而且宏观经济学将一般均衡理论直接使用在研究过程当中，因此20世纪是宏观经济学迅猛发展的年代。20世纪宏观经济学理论的发展，即凯恩斯主义、货币主义学派、Lucas批判、新凯恩斯主义、新古典宏观经济学等经济学理论上的重大革命与一般均衡理论是分不开的。现在谈论宏观经济学，都是一般均衡意义上的宏观经济学，可以说宏观经济学代表了一般均衡理论最突出的特征。

2.2.1 DSGE模型的主要特征

动态随机一般均衡模型，即DSGE模型的基本框架包括消费者、厂商和市场均衡三大条件①。DSGE模型可以用来分析无增长的模型和有增长的模型，二者定义的均衡概念不一样。在含有增长的模型中，宏观经济学定义的均衡概念是平衡增长路径（balanced growth path），在无增长的模型中定义的稳态，一般假设宏观经济的稳态是长期均值。动态随机一般均衡包含三个方面的主要特征，正如模型本身的名称一样：动态性（时间性）、随机性、一般均衡性。

DSGE框架的核心是一般均衡性，重要特征是动态性和随机性，动态性和随机性可以说体现了DSGE模型与以往经济学理论的显著差异。下面分别评价这些模型的基本特征：

（1）动态一般均衡模型是建立在一般均衡的分析框架上的。前面我们已经分析了一般均衡理论对于经济学的重要意义。一般均衡主要是指模型有严格的微观经济学基础，区别于传统的Ad Hoc模型，即经济行为方程不是依靠经济统计或者人的主观看法构建的，而是根据效用最大化、利润最大化或者成本最小化的原则来建立的。比如，消费者在自己预算约束条件下实现效用的最大化，从而得到消费者对于产品的需求函数。产商在一定的技术约束条件下，选择生产要素实现成本最小化，形成对产品的供给和要素需求。消费者和企业最终交易过程通过市场均衡来实现，即存在相关的要素和产品市场，使市场出清。在一定意义上讲，就是选择合适的价

---

① 根据经济研究的问题和模型的假设条件，一般均衡理论模型的分析框架可以包括更多的经济主体和考虑更多的基本因素，模型的复杂性和市场均衡条件会发生相应的变化，但基本思路是一致的。

格向量，使市场的供给和需求在这个价格向量上完全出清，从而供给和需求得到平衡。

（2）动态性。传统的宏观经济模型在动态方面的考虑是远远不够的，许多宏观时间序列分析采用分布滞后模型的处理方法，特别是 VAR 模型的发展，成为分析宏观经济时间动态的标准方法。动态性严格来说是经济学的主要特征，比如消费者面临消费选择的时候，不仅仅是选择一个孤立的消费点，而是选择一个消费的时间路径，消费者的消费来自于一个时间序列整体带来的效用，即 $u_t(c_0, c_1, c_2, c_3, c_4, \cdots, c_t)$，消费者的效用是动态变化的。同时，不同时期的消费带来的效用不一样，消费的时间选择非常重要。时间变量在宏观经济学中具有重要意义，关于宏观变量的时间选择问题，比如著名的"动态一致性"问题，政策实施前后的时间动态可能因为决策者目标发生变化而偏离。当考虑到经济变量的时间因素时，理性预期成为一个非常重要的观念。理性预期的概念来源于 Lucas（1976），理性预期颠覆了传统宏观经济学的基本概念，对经济学的影响是革命性的。

一方面，理性预期使凯恩斯主义行为方程的参数不再可信。具体来说，如果政府的财政政策方程和货币供给函数被公众知道以后，经济主体就会有理性选择，趋利避害的本能使经济结果可能偏离政策预期，即行为方程的参数不再固定。最著名的批判就是菲利普斯曲线原有的产出和通胀的关系并不能实现。另一方面，理性预期对经济主体的目标函数影响较大，改变了经济主体的决策规则。原先经济决策者是一次性决策，实质上经济主体的决策是动态优化的过程。动态优化的基本思想是经济决策要随着时间动态调整，经济决策者在进行决策的时候，不仅仅关注当期的行为，也关心随着时间变化经济变量的行为特征。与以往决策规则不一样，一次性的决策往往不能真正实现经济主体的目标最大化，动态优化强调经济决策是动态变化的，最好的决策规则满足动态规划的基本原理（Pontryagin, 1960）：即一个决策在 t 期是最优的，从 $t+1$ 期来看也将是最优的，一个最优经济决策与决策时点无关，一个最优的决策规则在任何时候来看都是最优决策规则。

动态性特征比较符合经济环境，在现实经济生活中，不仅个体的经济预测与时间相关，消费、生产都具有时间性，债务、资本、利率都是随时间变化的，今天和明天以及昨天的经济决策是不一样的，考虑了时间在经济决策中的作用。另外，经济决策符合动态规划的原则，表明经济决策是不断发展变化的。原来决策者考虑的是单个时间点的决策问题，现在决策者考虑的可能是一个时间路径。

（3）随机性。随机性在经济学中的研究，是随着数学理论的进步不断发展和完善的，随机性本质上是一种数学抽象方法，来自于现代概率理论的发展。以前的宏观经济分析认为，经济变量是具有确定性的时间序列函数，并没有经济随机性，随机的时间序列数据在数学上是没有办法处理的。经济学借用了数学上重要的随机性的概念，用来描述经济时间序列的不确定性，为研究复杂的经济问题提供了新的研究思路[①]。

DSGE分析框架将经济中随机因素纳入模型之中，比单纯的行为方程具有更大的灵活性，能够适应更为广泛的经济学研究，对于复杂经济现象的抽象具有较为方便的功能。鉴于经济现象的复杂性，将随机变量的基本概念引入现代经济学的研究范式，推动了现代经济学在数据分析方面的飞速发展，这方面的文献包括飞速发展的计量经济学。现代计量经济学在随机空间变化的环境下展开，利用随机变量来刻画经济过程，并利用统计学的基本思想为现代经济学的数量化打下了良好理论基础。Willam Green（2000）认为，DSGE框架可以研究外部因素给主要经济变量带来的影响，使用随机变量能够较好地刻画外部因素，同时在数学上便于处理。

随机模型和确定性模型相比，主要优势在于随机模型能够较为全面地刻画不确定性，不确定性是经济生活中非常重要的现象。从确定性分析过渡到不确定性分析，随机性假设扮演了非常重要的角色，关于金融学中的风险刻画，特别是现代资产组合理论，特别关注风险和收益的关系[②]。

---

① 把经济随机性引入经济学的研究之中，为研究带来了更抽象或者逻辑更完备的分析框架，缺点是模型假设的任意性和随机性使研究分析容易受到研究者个人的影响，模型分析的可操作性太强，这是随机模型带来的主要困难。

② 金融学中关于风险的刻画主要有一阶随机占优和二阶随机占优两个基本概念。一阶随机占优刻画了资产的收益，二阶随机占优刻画了资产的风险。金融学特别关注风险的刻画和度量，相关的文献可以参考 Markowits（1952）；Sharpe、Linternar 和 Mossin（1964）。关于风险与经济主体的选择问题已经变成现代经济学的重要研究方向。

经济模型中引入不确定性的概念，符合经济学中关于风险的刻画，经济主体通常都是风险规避者，经济学中关于不确定性的度量有各种方法，在宏观经济分析中，Carroll 和 Samwick（1988）使用等价预防溢价（equivalent precautionary premium）、家庭收入的方差、家庭对数收入的方差来描述不确定性，Dynan（1993）使用支出的变动来度量消费者面临的不确定性，Krane（1999）使用失业率的波动来度量不确定性，Romer（1996）使用消费率的条件方差来表示不确定性。Deaton（1993）可以使用利率和与消费增长率的随机波动来表示经济不确定性。

2.2.2 DSGE 模型的发展简史

最早开始计量经济学研究的 Tinbergen（1934），对宏观经济的数据从统计学意义上加以解释。Kuznets（1950）对国民收入账户进行深入研究，开始对宏观产出变量进行严格细致的核算，提出了现代经济学 GDP 这个基本概念。凯恩斯主义学派兴起之后，宏观经济学家构建了大量具有经济学意义的大型宏观计量模型来分析经济关系的参数，比较有代表性的模型是 Klein（1950）模型，这是一个包含了 16 个变量的美国宏观经济模型。尽管后来宏观计量模型受到 Lucas（1976）批判的影响，但是今天宏观计量模型在各国的中央银行和金融行业还是得到了广泛使用。

使用结构宏观计量模型在 20 世纪 80 年代成为宏观经济学主流方法，这与凯恩斯主义经济学家大力推广分不开。Lucas（1976）批判对结构宏观模型的影响较大，由于理性预期的存在，结构宏观模型的参数不再变得可信，对模型参数的估计没有意义。Sims（1980）从研究 VAR 模型出发，指出结构宏观计量模型在参数估计上是不能识别的。如果要估计模型的参数，必须要对模型施加有效约束，但是这样会损失模型的一般性，结构宏观计量模型面临着两难局面：模型参数识别问题和约束任意化的问题。根据 Sims 的研究，计量经济学开始推广无约束的向量自回归模型（VAR），对参数约束没有限制，但是对因果性的分析依赖于作者的设定。随着时间序列分析方法的改进，Engle（1982）发现了时间序列的单整特征，即时间序列的平稳性问题受到经济学家的关注，对伪回归开始受到重视，建立在协整检验基础上的 ECM 模型不断发展，后来推广到 VECM 模型，成为时间序列分析特别是金融时间序列分析非常重要的内容。

结构宏观计量模型的衰落和金融时间序列分析方法的进步，对经济学研究方法提出了新的要求。Kydland 和 Prescott（1982）提出的真实经济周期（RBC）模型不仅对宏观经济学的思想带来了重大的变革，也开创了宏观计量模型的新发展。严格来说，DSGE 模型的鼻祖就是实际经济周期模型，但是 DSGE 模型的研究范式已经成为现代主流宏观经济学的标准，这是实际经济周期理论本身并没有预计到的。实际经济周期理论在对经济的解释力方面，并没有太大的进步，本身也存在着各种缺陷，但是实际经济周期理论的分析方法对宏观经济学研究方法有极大的影响。

实际经济周期理论对宏观经济学的影响是深远的，主要有三个方面：其一，实际经济周期理论奠定了宏观经济学的微观基础。凯恩斯主义经济学在很长的时间内，并没有很好的微观基础，凯恩斯主义的方法主要是行为方程的方法，并没有给出经济由微观到宏观经济加总的过程，但是在实际经济周期理论出现之后，这个问题被解决了。其二，实际经济周期理论强调理性预期。理性预期给宏观经济学的发展带来了新革命，预期作为经济政策的重要考虑，在经济学中的地位被进一步强调，如何在模型中体现理性预期，实际经济周期理论作了比较好的尝试。其三，加强了宏观模型量化分析。经济政策对量化的需求促进了宏观计量模型的迅速发展，大型宏观计量模型的失当引起了对政策分析工具的需求，实际经济周期理论结合原有的时间序列，特别是 VAR 模型的建模思路，为宏观经济政策的量化分析打下了良好的基础。通过状态空间模型的求解和方差独立性的分解，能够将经济冲击进行较好的分类，测量外部冲击对经济周期的时间效应。实际经济周期理论开创了 DSGE 理论模型迅速发展的先河，Kydland 和 Prescott（1982）介绍的只是 DSGE 模型比较简单的形式，但是包括了 DSGE 模型建模思路的全部基础。促进 DSGE 模型迅速发展的第二个因素是递归宏观模型的迅速发展，递归宏观经济学体现了动态规划在经济学中的应用，代表人物包括 Lucas（1989）和 Sagent（2004）。他们对动态宏观经济学进行了系统研究，基本上改写了原先的宏观经济学面貌，将宏观经济学进行了重新整理。

新的宏观经济学研究框架开始演变成规范的 DSGE 模型框架，根据建模者是采用中央计划经济还是采用竞争均衡经济范式可以划分为两个 DSGE 框架：一个是中央计划经济模型；另一个是分散经济模型。在一定条件下，分散经济模型社会福利和中央计划经济中的社会福利是等价的，但是在大多数情况下分散经济模型社会福利要比中央计划中的经济社会福利差。早期的 DSGE 模型沿用了 Ramsey 模型的基本框架，采用中央计划者经济建模方式，即经济中只有一个生产者和消费者，经济中总人口为单位 1，消费者和生产者是同一个人，这就像是一个中央集权的王朝生产方式一样，经济的消费者和所有者均为同一个人。中央计划者经济可以改写成分散经济，即市场经济，分散经济的消费者和生产者不一定是同一个主体，市场依靠要素价格对生产和消费需求进行调解，分散经济最早来自于 Samuelson（1965）代际交叠模型（OLG）模型。比较 Ramsey（1927）模型和 OLG 模型，我们可以知道，在前面的中央计划经济中不存在效率损失，实现了社会福利的最大化，但是在分散经济中我们看到社会福利发生了损失，即存在着资本的过度积累，并没有实现社会福利的最大化。分散经济和中央计划者经济的差异反映了集权主义和计划经济体制的差异，集权主义的经济具有较高的效率，但是经济主体丧失了自由选择的权利，分散经济具有自由选择的权利，但是却出现了社会资源的浪费，并没有实现效率的最大化。

中央计划者经济和分散经济的均衡能够实现统一的条件是非常苛刻的。一般来讲，根据福利经济学第一定理，完全竞争均衡都是帕累托有效的。中央计划者经济是在给定的技术条件下，中央计划者能够最大化经济中生产数量和消费数量，得到的资源配置结果是帕累托有效的。分散经济如果是完全竞争的，其配置结果将和中央计划者经济一样，也是帕累托有效的。但是并非任何分散经济都能自动实现帕累托有效的结果，根据福利经济学第二定理：如果消费者的偏好和产商的生产集是凸集，市场是完全竞争的，即市场价格是公开信息，每个人都是价格接受者，只要允许合适的一次性财富转移，任何帕累托有效的资源配置结果都能够通过市场经济来实现。对于有限维数量经济，福利经济学第 2 定理基本成立，当经济中存在无限期交易、经济中有无数种产品的时候，竞争均衡存在的条件将变得相当苛刻，分析可以参考（Stokey、Lucas 和 Prescott，1989）。因此分散经济能否自动复制竞争均衡的结果，并不是完全合意的。如果经济环境不是完全竞争的，或者经济中存在某种垄断力量和信息不对称问题，分散经济的均衡配置就无法实现最优配置状态。如果经济中存在扭曲，那么竞争经济均衡不能和社会福利最大化的中央计划者经济效率等价。

DSGE模型在发展过程中，经历了由资源性经济到非资源性经济、从完全竞争均衡到非完全竞争均衡的转化。一方面，原始的DSGE模型主要来自于实际经济周期理论，强调实体经济冲击特别是技术冲击对经济的影响，在这个模型框架下没有货币的作用，使用DSGE模型来分析货币功能得出了货币中性和超中性的结论，这方面的参考文献包括Sidrauski（1967）模型，无法解释货币在经济中的作用。为了解释货币对经济的主要作用，模型开始通过各种方式引入货币因素，包括CIA模型、铸币税模型等，将经济中的货币因素纳入到分析框架之中，由资源性经济开始向非资源性经济转化。另一方面，凯恩斯主义对实际商业周期模型进行修改，引入垄断竞争、价格粘性和货币规则，变成非完全竞争模型。在这个过程中，比较大的模型改进是Calvo（1983）定价规则引用和Bernanke B. S.、Gertler M.、Gilchrist S.（1999）将金融加速器机制的引入，他们把垄断竞争和金融摩擦引入到模型中，改变了原先竞争均衡的市场结构，变成非竞争均衡的市场结构。Christiano、Eichenbaum和Evans（2005）为了刻画经济现实，构建了包括大量名义和真实摩擦的新凯恩斯主义模型，Smets和Wouters（2003）在他们的基础上引入大量外部冲击，并使用贝叶斯方法估计模型参数。

DSGE模型在分析经济周期波动方面具有独特作用，成为分析经济时间序列周期波动的重要工具。Kydland和Prescott（1982）与Long和Plosser（1983）使用DSGE模型分析了技术进步对宏观经济的冲击，为研究经济周期波动开辟了新的道路。在他们之前，对经济周期研究较多的是Mitchell（1927）和Burns、Mitchell（1946），他们投入大量时间研究了美国的商业周期，对商业周期的数据收集和商业周期的划分成为宏观经济学研究的基石。对技术冲击的质疑，促进了一大批经济学家投入到经济周期的研究过程，包括Friedman和Schwartz（1963）对美国货币史的考察，参看Hall（1988）、Evans（1992）和Gali（2001）。为了克服实际商业周期理论在数据解释能力方面的缺陷，Svensson（1985）和Cooley、Hansen（1989）在实际商业周期理论模型中加入大量的名义刚性和粘性，包括货币函数、工资和价格粘性等加强模型对现实经济的解释效果。新凯恩斯主义在 RBC 模型的基础上进行了大量改进，主要是引入垄断竞争机制形成新的菲利普斯曲线，同时将价格、名义粘性和货币的短期非中性特征引入到模型之中，开创了新凯恩斯主义分析经济周期波动的框架，也正是本书的基本分析框架。对新凯恩斯主义框架的分析和描述，可以参见 Woodford（2003）、Walsh（2003）、Gali（2007）。

Hodrick 和 Prescott（1980，1997）提出 HP 滤波方法，他们认为时间序列可以分解为趋势项和围绕趋势波动的周期项，HP 滤波消除经济时间序列的趋势项，可以更方便地观察经济时间序列的波动特征。在数据处理方面，HP 滤波成为标准的数据处理方法。经济学家大多使用 HP 滤波来分析实际经济的波动，本书大多数结论也采用 HP 滤波的分析方法。HP 滤波分析思路主要如下：假设任意宏观经济时间序列可以用 y_t 表示，$t \in (-\infty, +\infty)$，根据 HP 滤波宏观经济理论，y_t 可以分解为两个部分：一是趋势部分 g_t，即时间序列的长期增长趋势；二是周期部分 g_t，即围绕长期时间趋势波动的部分。经济时间序列 $y_t = g_t + c_t + \xi_t$，$t \in (-\infty, +\infty)$，根据下面公式，最优化问题可以分解为趋势序列 $\{g_t\}$，$t \in (-\infty, +\infty)$ 和周期序列 $\{c_t\}$，$t \in (-\infty, +\infty)$。最优化函数思想类似于最小二乘法的残差平方和最小的基本原则，即：

$$\min \sum_{t=1}^{T} c_t^2 + \lambda \sum_{t=1}^{T} \left[(g_t - g_{t-1}) - (g_{t-1} - g_{t-2}) \right]^2$$
$$\text{s.t. } y_t = g_t + c_t + \xi_t, \ t \in (-\infty, +\infty)$$

其中，λ 为平滑参数，根据不同的时间序列的频率，λ 可以取不同的数值，主要对时间序列的平滑程度进行控制。根据优化问题的算法，进行不断的迭代，可以得到经济时间序列的趋势成分和周期成分。

2.2.3 DSGE 模型的主要应用

DSGE 模型在开始时主要是研究商业周期波动的模型框架，在后期研究中 DSGE 模型通过引入实际经济中的刚性和名义粘性等基础，成为重要的宏观计量模型，成为政策分析的重要工具。作为一种和传统的结构宏观模型、单变量时间序列模型、VAR 或者 SVAR 模型一样的政策分析工具，DSGE 模型在实践中得到了广泛的应用，DSGE 模型成为非常受中央银行欢迎的分析工具。

目前主要国家的中央银行，包括欧洲中央银行（ECB）、美联储（FED）、英格兰银行（BOE）都有自己的 DSGE 模型。美联储开发的 SIGMA 模型，涵盖了欧洲各国、日本、加拿大、墨西哥、中国等亚洲国家，是开放经济框架下的小型 DSGE 模型。模型主要采纳 Obstfeld 和 Rogoff（1995）开放经济学的分析框架，同时将经济中重要的名义摩擦和投资调整成本引入模型之中，模型还考虑了开放经济环境条件下地区性和国家间的贸易摩擦。模型保持了适应性预期的基本特点，这个模型主要用来分析政策对经济结构参数的影响。英格兰银行的 DSGE 模型被称为 BEQM 模型，包含核心和非核心两个部分，模型采用了 Blanchard-Yaar 的世代交叠家庭结构，模型同样引入了外部各种经济摩擦以及外部市场的价格冲击。除了英国的和美国的中央银行，新西兰、加拿大、日本的中央银行都采用了 DSGE 模型分析框架。中国人民银行目前在 CMR 基础上构建了 DSGE 模型，用来分析货币政策中介目标等。

国内宏观经济学研究进展迅速，DSGE 模型在中国宏观经济研究方面的文献在不断增长。采用 DSGE 模型分析框架来对中国经济周期进行模拟和政策分析的主要文献有龚六堂和邹恒甫（2004）、陈昆亭（2004，2006，2007）、钱士春（2004）等，使用 DSGE 来分析和综述的重要博士论文包括隋建利（2010）、徐高（2008）、仝冰（2010）、李松华（2010）。国内对 DSGE 模型的应用分散在多个领域，这些文献可读性和应用性并不是太强，总的来说：其一，主要借用国外主流的分析框架，使用中国的数据来作模拟分析，结论差异较大，无法给出比较和选择；其二，模型的主要程序无法验证，由于中国宏观数据的不可获得性，中国宏观经济的分析尚处在一个初步发展的阶段。

2.3 能源冲击与宏观经济波动的理论和实证研究

2.3.1 国内外经济周期研究

（1）国外关于经济周期的研究综述。Kim、Nelson（1999）和 Kahn、

McConnell、Perez Quiros（2002）对美国的商业周期进行了分析，他们认为20世纪80年代美国商业周期波动率下降主要是信息技术革命改变了外部冲击在经济中的传导方式，比如信息技术导致的存货管理的进步，改变了经济中外部冲击对经济的冲击方式。Campbell和Hercowitz（2005）考察了金融市场的改革对经济周期波动的影响，金融市场改革带来了家庭信贷约束的变化，从而对耐用消费品的消费产生影响，经济冲击受到耐用消费品的影响，从而降低了经济周期波动。Clarida、Gali和Gertler（2000）认为，20世纪80年代后期货币政策促进了经济政策对货币冲击的反映，从而降低了美国的商业周期波动率。持相同观点的还包括Blanchard和Simon（2001）。Gali和Gambetti（2007）分析了经济结构变化与商业周期之间的关系，他们通过分析劳动力和产出的方差以及劳动力和产出的协方差发现，美国经济结构变化促进了美国经济波动下降。

（2）关于外部冲击对经济周期波动的影响。Ahmed、Levin和Wilson（2002）分析了20世纪80年代后期，外部冲击下降对美国TFP波动的主要影响，外部冲击减弱带来了产出波动的下降。Gordon（2005）使用VAR模型刻画了外部经济冲击对美国商业周期的影响，外部冲击的弱化减少了商业周期。Arias、Hansen和Ohanian（2007）也持同样的观点，20世纪80年代以来美国经济受到外部冲击的影响减少，他们构建了DSGE模型成功分析了外部经济冲击对美国产出波动的影响。Leduc和Sill（2005）研究了美国货币政策和生产率冲击对美国商业周期的影响，发现货币政策对通货膨胀具有较大的影响，但是产出波动受到生产率冲击的影响较大。

（3）关于中国经济周期波动的研究。关于中国经济增长的研究比较多，但是关于中国产出周期波动的研究较少。比较前沿的研究有刘金全、刘志刚（2005），他们分析了我国商业周期的波动和冲击来源，制度因素对中国经济周期波动的主要影响，中国改革开放带来的制度红利为经济增长带来了动力，同时也是经济周期波动的来源。Wang和Zhang（2010）从私有化改革和人力资本积累方面分析了中国产出波动的下降，私有化的改革提高了中国经济的效率，同时从20世纪90年代开始的教育改革增加了人力资本，从而促进了经济增长的持续。他们选取了大量的经济指标，包括政府支出、外商直接投资，他们发现，国有企业的员工比例同产出波动显著正相关，人力资本积累与产出有显著的负相关关系。Li（2010）利用1994~2007年的省际数据，研究了政府支出的财政政策对中国产出波动的影响，发现政府支出政策并不能引起产出的大规模波动。李猛和沈坤荣（2010）从政府腐败和地方政府的行为出发，认为地方政府的绩效改善并不能减少经济的总体波动。Zhang 和 Wan（2005）分析了经济供给冲击和需求冲击对中国宏观经济波动的影响，他们发现1985~2000年主要是需求冲击，同时分析了宏观政策对经济的冲击作用很小。

2.3.2 能源影响宏观经济机制研究

针对能源冲击对宏观经济波动的影响的研究文献很多，得出的结论差异较大。国外文献中有大量的关于能源冲击特别是石油冲击对宏观经济的影响分析，这些文献都使用计量经济学和 DSGE 模型的基本框架，全面分析了能源冲击对经济的主要影响。下面分别综述了能源因素与宏观经济波动之间的关系，从各个层面上展现了能源与主要宏观经济变量之间的显著关系。

（1）价格传导机制研究。能源价格方面的代表性文献有 Hotelling（1931），他对资源使用提出了著名的霍特林法则。在考虑不可再生资源的生产成本时，能源价格和市场利率之间存在着依存关系。当资源价格比市场利率低的时候，资源就不应该被开采；当资源价格比市场利率高的时候，资源就应该被开采。说明资源的使用具有机会成本，只有超过机会成本，开采才是最有经济价值的。Arrow 和 Chang（1980）分析了资源存量的不确定性对霍特林法则的影响，霍特林法则成立的先决条件是资源初始存量已知，但是由于世界能源资源的储备和能源勘探在不断变化，实际上资源的存量是不确定的。如果资源数量不确定，使用霍特林法则定价就不能实现。

（2）市场结构导致的能源冲击。能源是经济中重要的生产要素，直接作用于生产函数影响经济总产出。根据一般的生产函数 $f(K, L, E)$，其中，K 表示资本投入，L 表示劳动投入，E 表示能源需求，能够计算出产出的能源需求弹性 $\varepsilon_{y,e} = \frac{\partial f}{\partial E} \frac{E}{Y}$。设定特殊的函数形式，即可以计算出产出的能源需求弹性和能源占 GDP 的比例。根据 Rotemberg 和 Woodford（1996）认为石油价格冲击未必会影响经济的产出，在完全竞争的条件下，石油供给冲击发生以后，劳动和资本服务的需求数量不会移动。如果市场是不完全竞争的，企业存在普遍的价格加成（markup），石油价格会影响商品的相对价格，从而石油价格冲击会影响到资本和劳动的重新配置，从而对最终产出造成影响。但是在市场不完全竞争、产商具有垄断力量的条件下，能源价格影响资本和劳动服务需求不是确定的，如果加成比例（markup ratio）选择合适，能源冲击对产出影响是较小的。根据Rotemberg和Woodford（1996）的研究结果，如果石油市场存在寡头竞争的市场结构，那么石油市场的冲击对宏观经济影响在数量上是显著的，能源影响产出的大小取决于企业加成定价比例。

（3）能源冲击效果受到货币政策的影响。Stephen Millard（2011）对能源因素对英国通货膨胀的影响进行了研究。货币政策的主要目标是实现低通货膨胀和稳定通货膨胀预期，因此理解通货膨胀的驱动因素以及货币政策能如何进行反馈具有重要意义。标准的通货膨胀模型认为，通货膨胀受过去通货膨胀和预期通货膨胀以及成本变动的影响。Cunado、De Gracia（2005）和Leduc、Sill（2004）研究了不同货币政策下石油价格波动对经济的影响，容易导致通货膨胀的货币政策会扩大石油价格上涨对经济的影响，降低通货膨胀的货币政策可以抵消石油价格对经济的冲击，石油价格冲击在很大程度上取决于货币政策规则。尽管如此，货币政策、石油价格之间的联系被广泛关注。Bohi（1989）认为石油价格上涨的时候，不恰当的货币政策会导致经济衰退主要可能是不合适的货币政策会传导不对称信息，导致市场陷入衰退。由于货币政策对产出具有非对称影响，如果货币政策应对不当，产出会受到很大影响。

Stephen Millard（2011）分析了许多暂时性冲击对宏观经济的影响，包括但不限于能源冲击，货币当局采取什么样的货币政策可以有效控制通货膨胀。估计结果显示，能源价格是高度弹性的，但是非能源部门的价格是高度粘性的。数据分析结果表明，生产率冲击比其他冲击更为持久，影响时间更长。货币政策的波动性比较低，可能与货币政策的通货膨胀目标制有较强的关系。Bernanke、Gertler和Watson（1997）认为，1974年美国经济衰退可能是因为美联储应对通货膨胀的政策所致，石油价格冲击刺激物价上涨，美联储采用紧缩的货币政策，应对通货膨胀上升，从而促进了美国经济衰退。但是货币政策能否对油价上涨产生影响仍然广受争议。比如 1974 年美国经济衰退之前，美国一直实行紧缩性货币政策，石油价格上涨之后并没有实行紧缩性货币政策。货币政策对产出的另外一种影响机制是"工资—价格机制"。如果工资要根据物价指数来调整，初始的油价冲击会推动物价上涨，从而会带动工资上涨。实际工资具有粘性，工会确定工资以后，石油价格上涨会带动物价上涨，从而引起了实际工资下降，刺激经济的增长。尽管这种解释非常流行，但是实际数据并不支持。Keane、Prasad（1996）和 Rotenberg、Woodford（1996）发现，在石油价格较高期间实际工资并没有大幅度下降。

（4）石油价格影响宏观价格水平。石油是生产和消费的主要能源，石油价格上涨直接导致生产成本增加，影响商品和服务的价格水平。石油价格上涨会导致生产成本上涨、推动国内的通货膨胀加速、引起石油进口国净出口下降和贸易形势恶化，同时消费者支出和投资支出下降影响经济增长。石油价格影响生产、消费成本和价格水平，而这些反过来又会影响石油价格。能源价格传导到整体物价水平的途径有两个：一是能源影响成本，在成本因素中，能源是重要的成本因素，推动着通货膨胀的变化。二是能源价格直接影响消费品价格。消费者的商品消费很多与能源价格相关，能源价格波动对消费者价格也有直接和间接影响。Stephen Millard（2011）采用 Bayes 分析技术，研究了各种经济冲击对通货膨胀的影响，并且将产出和通货膨胀的波动分解为不同的冲击，发现非能源部门的产出下降主要受到国内生产率、世界需求和国内风险溢价的影响，风险溢价推高了通货膨胀。Rotemberg 和 Woodford（1996）发现，石油价格上涨之后，会影响企业的价格加成，出现价格加成因子随时间变化的现象。Bernanke（1983）在一个局部均衡模型中，研究了能源价格对经济的影响。油价上涨之后，公司一般会推迟投资，即公司会观望油价上涨是长期行为还是短期行为。但是，观察油价对经济的间接影响效应远远不如直接效应明显。从实践上来看，石油价格引起的企业投资观望效应也不能解释现实数据，这种观望效应很微弱。

一些文献利用向量自回归模型（VAR）分析了两次石油危机对经济的影响，利用跨国面板数据发现，石油价格冲击和宏观经济变量存在不对称关系。Kim（2005）研究发现，石油价格波动和宏观经济变量之间存在不对称关系，不可预测的石油价格变化比经常性的、可预测的价格变化更能影响宏观经济变量，同时石油价格的巨大变化往往带来市场价格的不确定性，导致投资者和消费的不确定性增加。石油价格对于石油进口国、出口国的影响是不对称的，进口石油国家受到石油价格冲击比较大。对于石油进口国家来说，石油价格上涨增加成本，从而降低经济产出水平。石油价格上涨对经济影响大小取决于总需求曲线。如果石油价格上涨是长期的，那么石油价格上涨还会降低资本积累速度，从而影响劳动生产率提高。

1986 年石油价格暴跌以后，石油价格和宏观经济的联系开始弱化。从此以后，石油价格和宏观经济关系的研究结论充满不确定性（Chang, Wong, 2003）。作为一种特殊资源，石油价格受到各种外生冲击，比如突发性事件、全球经济状况、投机活动、社会政治和安全状况，而这些因素导致石油价格对经济的影响很难量化。大量文献发现，宏观经济受不确定的能源价格冲击的影响，可以为宏观经济政策制定提供帮助。最新的石油冲击为 2002~2008 年石油价格大幅度上涨，油价上涨导致了生产锐减、失业增加和通货膨胀加剧。Cavalcanti、Jalles（2013）和 Dogrul、Soytas（2010）发现，石油价格对于宏观经济中最重要的 GDP、物价水平和失业都有重要冲击。大量文献研究了石油价格冲击对宏观经济的影响，比如 Hamilton（1983），Huang（2008），Ghosh（2011），Bai 等（2012），Zhang、Wang（2013）。这些研究关注了美国、中国、日本、新加坡、韩国、土耳其、加拿大等一些国家石油价格和宏观经济的联系。

归纳起来，分析石油价格冲击的宏观经济模型分为两类：一类是线性和非线性模型，大部分使用这两种模型来分析石油价格和宏观经济的联系。尽管非线性模型非常普遍，但是由于石油价格波动是高度不确定的，非线性模型的很多假设不能满足，使用虚拟变量表示石油价格冲击会损失很多信息，因而是不合理的。另一类是非参数化模型方法。大量统计方法意识到非线性模型的缺陷，一些数据驱动、自学习和非线性的 AI 模型开始出现（Zhang et al., 2009；Yu et al., 2008）。人工智能模型比传统模型更能应对非线性、复杂模型、不规则和不确定性数据变化，比如极值检测模型常在数据挖掘中使用，发觉极端数据背后的信息，这些算法可以分为四个方面：基于统计数据极值观测、密度函数法、绝对差值函数法、距离偏差函数法。这种方法被广泛应用到金融市场、网络入侵检测、商业调查中，使用这种方法对石油价格和宏观经济联系进行研究的并不多。

Rajeev Dhawan 和 Karsten Jeske（2007）利用包含能源的 DSGE 模型刻画了美国全要素生产率（TFP）、能源价格和增长平滑期（great moration）之间的联系，他们估计了能源价格和美国 TFP 之间的联合随机过程，能源价格会对全要素生产率产生负面影响，但是这种溢出效应已经慢慢下降，能源对生产率的溢出效应减弱促进美国 GDP 的波动幅度开始下降，所以形成了近年来美国 GDP 的波动下降。Mcconbell 和 Perez-quiros（2000）发现，美国 20 世纪 80 年代以来产出波动性显著下降，Stock 和 Watson（2002）认为美国主要宏观经济变量消费、投资和工作时间的波动性显著下降。这种产出和其他主要宏观变量波动性下降的现象被称为"大平滑"现象。从数据分析来看，1973~1974 年以及 1982 年的石油危机都导致了经济的大规模衰退，但是 1986~2002 年石油价格飙升并没有带来产出的大规模下降。因此，石油与宏观经济的联系可能开始减弱，石油对经济的影响能力在不断降低。他们使用模型模拟了石油份额下降，经济波动率是否会发生改变，结果发现石油份额下降并不能解释产出波动的大幅度下降。

2.3.3 能源冲击对各国经济冲击的研究

（1）能源冲击的效果在国家之间有显著差异。20 世纪 70 年代，石油危机导致了西方国家经济普遍衰退，大量文献开始研究石油价格波动对宏观经济的影响，结果表明，石油价格冲击对发达国家和发展中国家的冲击显著不同（Morana，2017）。一些研究文献发现，石油价格冲击与主要宏观经济指标变化高度相关，不同国家表现不一样。尽管如此，大部分文献认为石油价格冲击会显著影响经济。Eichengreen（2008）研究了石油价格上涨对全球主要国家的影响，发现亚洲国家的 GDP 占全球 GDP 的比重迅速增加，20 世纪 50 年代整个亚洲国家的 GDP 占全球 GDP 的比重大约是 20%，预计到 2030 年，亚洲经济总量占全球经济总量的比重超过 40%，2030 年，亚洲经济体的总体规模将远远超过美国、欧盟或者 G7 国家综合（IMF，2012）。根据 BP 年度石油报告，过去半个世纪经合组织国家（OECD）石油消费降低了

5.3%，而非 OECD 国家石油消费增长了 20.3%，其中绝大部分来自中国和印度。印度、巴基斯坦、尼泊尔等国家经济增长迅速，这些国家和地区大约有 17 亿人口、名义 GDP 规模占世界的 7%，2008~2018 年经济增长年均 6%~9%，已经成为全球石油资源消费增长最快的地区。印度已经成为全球第三大石油消费国，巴基斯坦、孟加拉国和斯里兰卡石油消费数量暴涨。

Khan 和 Ahmed（2011）发现，石油价格上涨对发达国家和发展中国家都有影响。根据对 45 个国家的研究发现，17 个发展中国家有 11 个、28 个发达国家有 12 个，都受到石油冲击的影响，石油价格变化对于国内产出、通货膨胀、汇率和实际利率均具有重要影响。Abeysinghe（2001）分析了十个亚洲国家和地区，包括马来西亚、韩国、菲律宾、中国大陆、中国台湾地区、泰国、中国香港地区、新加坡、日本和印度尼西亚，马来西亚和印度尼西亚两个石油出口国也容易受到油价波动影响，受到石油价格波动的影响大小取决于是石油出口国还是进口国。

Cunado 和 Perez de Gracia（2003）对欧洲 15 个国家的研究表明，石油冲击在国家间差异很大，他们并没有发现石油价格和经济产出有长期的协整关系，他们认为石油价格冲击对经济的影响是短期的。Levin 和 Loungani（1996）也发现 G7 国家 GDP 对于石油价格冲击的反应也差异很大。根据他们的研究，丹麦产出增长率与石油价格变化的关系为正数，而英国产出增长率与石油价格变化关系为负数，脉冲响应函数也显示出同样的特征。Olsen 和 Mysen（1994）发现，石油价格上涨降低了加拿大和英国的产出水平，但是提高了挪威的产出水平。Aleisa 和 Dibooglu（2002）发现，沙特阿拉伯石油价格下降 1 美元会损失 25 亿美元国民收入，沙特石油价格会影响全球通货膨胀，进口品价格提高又会降低国内产出，石油价格上涨对沙特国家产出具有双重影响。

2000 年以来，对于发展中国家石油价格冲击的研究越来越多，石油价格冲击对于发展中国家的价格水平、GDP 增长率以及价格增长的传导机制有重要影响。比如对中东和北非经济体石油价格冲击的研究也比较多，中东和北非地区既有发达国家、不发达国家和最不发达经济体，也有石油输出国、石油进口国，石油价格冲击造成效应差异较大。为了研究石油价格变化对这些国家的影响，一般假设这些国家石油贸易不会影响世界石油价格，世界石油价格是外生变量。Rogers（2000）和 Berument、Lippi 和 Nobili（2008）发现，一个标准差数量级的石油价格冲击显著影响石油出口国的经济增长率，阿尔及利亚、伊朗、伊拉克、科威特、利比亚、阿曼、卡塔尔、叙利亚和阿联酋受到石油价格冲击非常显著，但是石油价格对于巴林、吉布提、以色列、约旦等影响较弱。石油供给冲击会显著降低产出，但是石油需求冲击会提高产出。

（2）美国能源价格冲击的研究。Robert Barsky 和 Lutz Kilian（2004）对石油价格冲击和美国宏观经济联系进行了分析。大部分人普遍认为，中东政治事件会影响到石油价格，从而影响美国经济。研究发现：其一，中东政治事件只是驱动石油价格波动的因素之一，而且这些政治事件对美国经济的影响差异化很大，取决于政治事件发生的时候整个油价市场的需求状况以及全球的宏观经济形势。其二，石油价格上涨与宏观经济衰退在时间上的先后关系，并非说明油价上涨造成了经济衰退。即使理论上说明油价上涨会引起经济衰退，但是数据分析显示这种联系比较微弱，不具有统计学上的显著性。因此，美国宏观经济表现受石油价格的影响不是太大，这可能与一般的直观感受不太一致。

20 世纪 70 年代以来，美国经济具有这样特征：美国对国外石油依赖度很高；70 年代中东政局动荡（四次中东战争）对国际石油市场的冲击较大；美国宏观经济形势在 70 年代陷入"滞胀阶段"（staglation），物价水平整体较高并且经济增长速度下降。经济学家大多将美国 70 年代的经济衰退归结为"外生的石油冲击"。70 年代以来美国经历了多次石油价格的冲击，比较重大的石油冲击事件包括 1986 年油价崩溃、2000 年的石油价格繁荣、1990~1991 年海湾战争以及 2003 年伊拉克战争。Hulten、Robertson 和 Wykoff（1989）发现，石油价格上升之后，能源密集型资本（energy-intensive equipment）的价格会上升，但是旧有资本设备并未发生太大变化。能源价格冲击并没有对经济中资本配置产生太大的影响。

（3）石油价格冲击对法国的影响。石油价格上涨已经给生产率提高带来影响，但是并没有经验证据支持。实际上，互联网经济出现以后，石油价格与 GDP 的联系不如 20 世纪 80 年代早期那么密切，以下原因可以解释这个现象：其一，石油价格与法国 GDP 的线性关系发生改变，石油价格和

GDP非对称性关系正在加强。其二，经济开始变得不再依赖石油，或者是经济中价格机制和工资机制发生变化。例如，建立了一个具有微观基础的DSGE模型分析了法国GDP与石油价格波动的关系，得到的主要结论是：经济的非石油化、工资指数化程度降低都只能解释小部分GDP波动，法国GDP波动性减小可能有更多的原因。

（4）石油价格对工业化国家的影响。Blanchard和Gali（2007）使用DSGE模型研究了工业化国家在20世纪70年代之后石油价格变化对产出的波动性影响，文章分析了供给冲击、石油份额下降、劳动市场的弹性增加和货币政策改善四个因素，他们认为这四个因素导致了工业化国家经济波动降低。Bruno和Sachas（1985）分析了能源冲击与产出和通货膨胀的联系，也分析了货币政策和工资机制的影响。Rotemberg和Woodford（1996）认为，并不是能源价格引起了产出的大幅下降，而是经济中的产品价格加成发生了变化。Fin（2000）利用资本利用率和价格加成分析了能源因素对经济波动的影响，认为资本利用率和价格加成均不能解释美国产出波动的下降，因此实际工资粘性下降或者劳动力市场的显著变化才是经济波动下降的主要原因。Barsky和Kilian（2002）认为，20世纪70年代产出下降是因为外生货币政策变化引起的，产出和就业的下降是因为美联储执行严格控制通胀的货币政策，从而导致了实际利率的大幅上升，高通胀主要是因为石油价格上涨引起的。Hooker（2002）分析了石油价格在菲利普斯曲线中的作用，发现石油对CPI影响程度开始变得微弱，但是他们并没有发现石油密度下降会带来价格水平的变化。Gregorio和Landerrretche（2007）研究了油价对通货膨胀的影响，研究发现货币政策在稳定石油价格的冲击方面发挥了重要的作用。

（5）能源价格冲击对中国的影响。林伯强和牟敦国（2007）使用可计算一般均衡模型（CGE）计算了石油和煤炭价格上涨对我国经济的影响，能源价格上涨对中国经济会造成普遍的紧缩性影响，但是不同的行业会有不同的反应。Huang和Guo（2007）研究了石油价格与中国实际汇率的关系，结果显示，石油价格冲击会引起中国长期汇率升值，中国与主要的贸易伙伴相比更加依赖石油。Chen和Wu（2009）从需求方面分析中国国内的石油需求冲击对经济的显著影响，发现石油价格波动对国际市场的影响有限，国内油价变化主要来源于美国和石油输出国组织（OPEC）的供给冲击。Du、He 和 Wei（2010）发现，世界石油价格与中国宏观经济之间有着广泛的联系，石油价格改革对中国经济的发展具有显著影响。魏涛远（2002）运用 CGE 模型刻画了外部能源冲击对中国产出和通货膨胀的影响，外部石油价格上涨 10%，中国产出和通胀分别下降 0.1%、上涨 0.1%。徐剑刚等（2005）采用 Hamilton（1983）的分析方法发现，石油价格上涨导致了 GDP 下降，石油的产出弹性系数在 -7% ~ 14%。孙稳存（2007）利用包含能源因素的生产函数，研究了货币政策的操作模式对中国菲利普斯曲线的影响，模拟结果说明，能源价格上涨 10%，我国的物价水平会上升 35%，产出缺口上涨 5%。

2.4　本章小结

本章对 DSGE 模型作了全面介绍，分析了动态随机一般均衡模型的主要特征，从宏观经济学发展的历史对 DSGE 模型的发展过程进行了系统总结，并且分析 DSGE 模型与实际经济周期理论之间的关系，为本书使用新凯恩斯主义框架下的 DSGE 模型来分析经济实际问题提供了文献基础。

国外对能源与宏观经济关系的研究比较早，最早开始于 20 世纪 70 年代的石油危机，近年来能源冲击对宏观经济的影响成为宏观经济研究的热点问题。总结和综述国内外对能源与宏观经济关系研究的主要文献，可以了解到能源在经济中的地位、功能和能源经济未来的发展趋势。

在实证研究方面，本章综述了各国采用 DSGE 模型分析能源与主要宏观经济变量之间的关系的文献，介绍了发达国家能源冲击波动减弱的现象，并给出了能源冲击对经济影响的趋势。本章还总结了中国能源经济的研究现状，比较了我国能源冲击研究与国外能源冲击研究的差异。

第❸章
中国宏观经济波动与能源关系的经验事实

能源是企业、居民生产、消费的重要动力，能源对于国家的战略意义、对我国宏观经济的影响较为广泛。能源在经济中的作用和功能不言自明，许多经济学家在分析中国产出数据的时候，将发电量直接作为中国真实 GDP 数据的替代变量。

本章对中国能源经济与宏观经济波动总体情况进行研究，总体刻画我国宏观经济波动的基本情况，分析我国产出波动的主要因素，为下一步建立包括能源因素的新凯恩斯 NKDSGE 模型提供经验支持。本章构建了一个包含外生能源价格的 SVAR 模型来分析能源价格与我国宏观经济变量的显著联系，通过实际数据研究能源冲击对我国宏观经济的数量影响。计量模型不仅为我国能源冲击的实际经济效果找到了量化依据，而且能够评估我国能源冲击对宏观经济的影响，也可以为理论模型的校正提供经验参考。

本章共分为六节，第 3.1 节分析了我国经济周期波动的主要数量特征，通过 1986～2009 年我国主要宏观经济变量的 HP 滤波技术的分解，求解了我国主要宏观经济变量的经济周期波动成分并进行了经济周期波动因素分析。第 3.2 节分析了我国能源市场的基本现状以及我国能源市场生产消费形势与宏观经济变量的主要联系，主要关注了能源价格与我国价格水平和产出变量的相关关系，并给出了我国能源市场生产和消费形势与国际能源市场的关联。第 3.3 节构建了一个 SVAR 模型，利用宏观数据分析了能源价格冲击对我国主要宏观经济变量的数量影响。第 3.4 至第 3.6 节对 SVAR 模型实证结论进行了总结评论。附录给出了相关计量模型统计结果以及统计图表。

3.1 我国宏观经济周期波动的典型事实分析

宏观经济中的大多数经济数据表现为时间序列，对时间序列的分析和研究在经济学文献中有很多。时间序列分析成为宏观经济学中典型的方法，对时间序列的处理也成为经济学和统计学研究的重点，并产生了一大批时间序列分析的著作，包括 Hamilton（1994）和 Engel（2003）等杰出的时间序列分析大师。宏观经济学中把时间序列看作是一个随机过程（stochastic process）[①]，即观察到经济中的产出、消费和投资品的时间序列数据是随机过程的实现形式，研究控制时间序列实现值的随机过程就是研究整个经济系统。

现有宏观经济学中关于时间序列研究可以追溯到 Burns 和 Mitchell（1946）对美国经济周期的研究，也是现代经济周期理论的主要起源。Lucas（1981）认为，经济时间序列总是围绕一个长期趋势不断随机波动的，产出与所有的宏观经济变量之间存在着协同运动关系。Stock 和 Watson（1999）对时间序列分析进行了很好的总结和概括。现代宏观经济学认为，经济时间序列之间具有较强的相关关系，主要采用 HP 滤波（Hendrick，Prescott，1997）的分解方法对时间序列的周期成分和趋势成分进行分离。本章主要采用 HP 滤波的分解方法来分析我国经济时间序列的相关关系，关于 HP 滤波的分解方法见文献综述部分。

表 3-1 计算了产出、消费、投资、生产率、物价指数、石油生产、储备以及贸易条件等 29 个经济变量的时间序列的波动特征。处理数据的主要方法：首先计算各个经济时间序列的对数，原始数据是增长率形式表示的不变，比如 CPI 增长率等；其次使用 HP 滤波器对时间序列进行处理，得到各个变量的周期成分，这个周期成分可以理解为各个时间序列与趋势成

---

① 假设 (Ω, Γ, P) 表示概率空间，T 为某一下标集，对任意 $t \in T$，X_t 是该概率空间上的随机变量，当 t 取遍 T 中所有的值，得到一族随机变量 $\{X_t\}$，称为 T 上的随机函数。当 $T = (0, \infty)$ 时，随机函数称为随机过程。

分的对数偏离，或者百分比偏差，故标准差和相关系数均反映了变量与均衡位置的百分比偏差。最后使用其他滤波方法检验了表 3-1 中系数的相对稳健性，主要采用 C-F 滤波，得出的结论与上述方法的结论差异不大，故主要报告了 HP 滤波的分解结果。

表 3-1 中国主要宏观经济变量的周期波动特征（1980~2009 年）

VAR	变量	标准差	相对标准差	滞后 (lag) $x(-2)$	滞后 (lag) $x(-1)$	$x(0)$	领先 (lead) $x(1)$	领先 (lead) $x(2)$
RGDP	gdp	0.008	1.00	1	-0.515	1	0.387	0.552
RCPR	私人消费	0.010	1.25	-0.0991	0.026	0.825	-0.431	-0.173
RGCE	政府消费	0.016	2.00	0.397	0.304	0.369	0.258	0.131
RFIN	投资	0.026	3.25	0.1096	-0.182	0.833	0.235	0.221
REXP	出口总量	0.032	4.00	-0.3476	0.264	0.314	0.487	0.226
RIMP	进口总量	0.043	5.38	-0.1791	-0.160	0.534	0.492	0.388
RDMD	国内总需求	0.013	1.63	0.0295	0.455	0.853	0.251	-0.126
GDFI	gdp 平减指数	0.012	1.50	-0.1506	-0.219	0.390	0.338	0.364
RIND	工业总产值	0.013	1.63	-0.1584	0.056	0.971	-0.157	-0.344
RSER	服务业总值	0.009	1.13	-0.3107	0.521	0.961	0.052	-0.249
LBPG	劳动生产率	0.111	13.88	0.4355	-0.319	0.172	0.024	0.255
FAPG	TFP 增长率	0.115	14.38	0.1565	0.131	0.307	0.173	0.340
GRCS	资本存量增长率	0.042	5.25	0.2547	-0.315	0.725	0.013	0.197
GRPO	潜在产出增长率	0.094	11.75	0.3237	0.329	0.403	0.591	0.229
PETP	原油生产量	0.008	1.00	-0.0498	0.187	0.577	-0.381	-0.374
PETR	原油储备	0.013	1.63	0.0299	0.391	0.56	0.085	-0.047
XRRE	有效汇率	0.032	4.00	-0.3515	0.327	-0.071	-0.289	-0.343
SODC	国内信贷总量	0.025	3.13	0.0656	0.523	0.287	0.105	-0.338

续表

VAR	变量	标准差	相对标准差	产出（gdp）与不同宏观变量的领先滞后关系 corr(y_0, x_i)			
				滞后（lag）		$x(0)$	领先（lead）	
				$x(-2)$	$x(-1)$		$x(1)$	$x(2)$
SODD	国内信贷增长率	0.112	14.00	0.1423	0.556	0.081	0.034	−0.308
DMN1	M1	0.145	18.13	0.2495	0.652	0.034	0.077	−0.378
DMN2	M2	0.064	8.00	0.3802	0.521	0.071	−0.031	−0.388
CCPI	CPI	0.033	4.13	−0.2645	0.012	0.469	0.469	0.393
CAWI	平均名义工资指数	0.018	2.25	−0.2426	−0.033	0.669	−0.074	0.083
DAWA	名义工资增长率	0.175	21.88	0.1922	0.083	0.371	0.106	0.010
LABF	劳动力	0.007	0.88	0.2808	−0.044	−0.565	0.318	0.337
UNEM	失业率	0.032	4.00	−0.1592	0.291	0.014	−0.006	−0.315
INVF	外资净流入	0.111	13.88	−0.1297	−0.156	0.597	0.490	0.447
EFIR	有效利率	0.046	5.75	−0.3139	0.146	−0.037	0.163	0.743
NBTT	贸易条件	0.016	2.00	−0.0598	0.042	−0.213	0.053	0.005

注：数据来源为 EIU 中国宏观年度数据统计数据库，表中数据作者使用统计软件计算所得。

我们分别计算了主要宏观经济变量周期波动的标准差（第 3 列），各个主要宏观变量相对于产出的标准差（第 4 列），主要宏观经济变量与产出当期的关系（第 7 列），实际产出与各个主要宏观经济变量滞后 2 期（第 5 列）、滞后 1 期（第 6 列）、领先 1 期（第 8 列）、领先 2 期（第 9 列）的相关系数。

表 3-1 分析了我国经济周期宏观波动的主要特征，可以总结得到我国宏观经济波动的典型事实。表 3-1 中第 1 列给出我国主要宏观经济变量的标准差，对数据先取对数再差分，1 单位的标准差表示对长期趋势偏离 1%；表 3-1 中第 2 列表示各种宏观变量相对于产出的波动程度，将实际产

出的标准差固定为1。表3-1中后面5列给出了各种宏观变量与产出的时差相关系数，$x(-2)$表示产出与两期之前的各宏观变量的相关系数，$x(-1)$表示产出与一期之前的各宏观变量的相关系数，类似的，$x(+1)$表示产出与一期之后的各宏观变量的相关系数，$x(+2)$表示产出与两期之后的各宏观变量的相关系数，$x(0)$表示产出与当期的各宏观变量的相关系数。

表3-1计算了我国主要宏观变量与产出的领先或滞后的关系，反映了我国经济周期中各个宏观变量之间简单的相关关系。时差相关系数反映了如下的基本规律：其一，时差相关系数为正值，表示两个宏观变量之间是顺周期的，时差相关系数为负值，表示这个宏观经济变量是逆周期的。其二，时差相关系数越大，说明两者之间的周期性关联越强；反之，时差相关系数越小，说明两个变量之间的周期性关联越弱。其三，根据各主要宏观经济变量之间的领先或滞后关系，我们可以看到产出的领先变量（leading variable）和滞后变量（lag variable）。根据时差相关系数的分析，可以大体知道我国经济波动的数量幅度、经济周期波动的主要来源，这对于我们分析能源冲击和货币政策冲击在我国经济周期波动中的作用也是重要参考。

根据数据结果，可以得到我国经济周期波动的主要特征如下：

第一，从表3-1中主要宏观经济变量的波动幅度来看，产出的年均波动幅度大约为0.8%，这个波动幅度相比于一般的经济周期分析相对较低。主要原因是我们采用的是年度数据，如果采用季度数据来分析，那么我国经济产出的周期波动幅度可能会稍微增大。另外一个原因可能是，我国在改革开放前30年，经济处于高速增长的通道之中，平稳增长的经济政策促进了我国经济没有出现大规模的周期性波动。从主要宏观经济变量的周期波动来看：不管是私人消费还是政府消费，消费波动并不是太大，反映了我国经济中消费长期疲软的基本现实，与一些经济学家的实证分析是相吻合的。

第二，劳动生产率、TFP增长率以及外资净流入的增长率波动最大，年均波动幅度达到10%。在主要宏观经济变量的波动中，劳动生产率、TFP增长率以及外资净流入增长率的波动均超过了10%，说明改革开放以来技术进步在推动我国经济增长的过程中作用巨大，反映了我国制度改革带来的全要素生产率显著提高。因此，在后面的模型分析中，将在模型中引入技术冲击来反映改革开放以来技术进步对我国实体经济的影响。

第三，主要宏观经济变量都是顺周期的，只有少数宏观经济变量，包括有效汇率、有效利率、贸易条件等变量是逆周期的。这与经济理论是比较相符的，这些实际经济变量越高，对产出的负面影响越大，越会降低当期的产出。其他宏观经济变量表现了与产出的领先或滞后关系。

第四，两种口径的货币存量 M1、M2 均是顺周期变量，而且货币存量的周期波动与产出的滞后关系相当明显。货币存量的 1 期和 2 期滞后会带来产出的大幅增加，说明我国货币供给对经济增长存在着明显的滞后效应，货币增长会带来通货膨胀，较高的当期相关系数说明了我国确实存在产出和通货膨胀相互替代的关系。但是货币存量作为产出的领先变量，并没有滞后效应表现得那么明显，领先 1 期的货币存量与产出的关系微弱，领先 2 期的货币存量对产出存在负向关系，说明预期较高的货币发行量可能引起将来产出的下降。在后面的模型设定中，我们将引入货币政策，刻画经济面临的货币政策冲击，更好地拟合我国经济的实际情况。

第五，劳动力和失业率表征经济波动的能力较差，这可能与统计数据的准确性有很大关系。因此，在后面的模型分析中，不再关注劳动力供给的冲击。

3.2 我国能源市场与宏观经济的基本联系

中国经济短时间内取得了高速发展的成绩，对能源的需求和消费量不断增大，而且对外部能源的依赖不断增强，国际能源价格变化对我国产出、投资、消费、就业、物价产生了广泛而深刻的影响。2011 年，英国 BP 石油公司统计，中国在全球能源消费中占 20.3%，同时中国成为全世界煤炭消费量最大的国家，中国煤炭消费占全世界煤炭消费量的 48%。从石油消费来看，美国是世界消费量最大的国家，美国石油消费占全球石油消费总量的 21%，中国占全球石油消费总量的 11%左右。2012 年，全球能源消费基本持平，但是中国能源消费逆向增长了 71%。

我国作为一个能源消费量较大、能源结构"煤多油少、能源储存和消费地域分散"的国家，能源问题不仅关系经济发展的速度，而且能源是制约国民经济发展的重要战略问题。我国能源市场受外部市场的影响比较大，外部能源市场的价格变化对我国主要宏观经济变量的影响较大。本节的研究大多是数据分析，从数据上直观分析我国能源市场现状以及能源价格变量与宏观经济变量的联系。

3.2.1 外部能源市场的价格变化

石油是现代工业的"血液"，一个国家在工业化和现代化发展的过程中，对石油资源的需求相当大。自工业革命以来，内燃机的发明使化石燃料成为现代交通和工业生产的重要动力。石油成为重要的化工原料，不仅是由石油本身的技术特点决定的，也是现代工业文明的典型特征。在分析我国能源市场的现状之前，了解能源价格变化与工业革命的进程乃至现代化进程关联是相当重要的。

图3-1反映了1861~2019年世界原油的价格走势以及世界重要的政治经济事件之间的关系，数据来自BP年度石油报告，主要反映了美国与世界石油市场的关系，但也代表了整个石油市场的发展情况。图3-1石油价格的变化是按照2019年物价水平调整以后的全球石油价格变化，即价格的

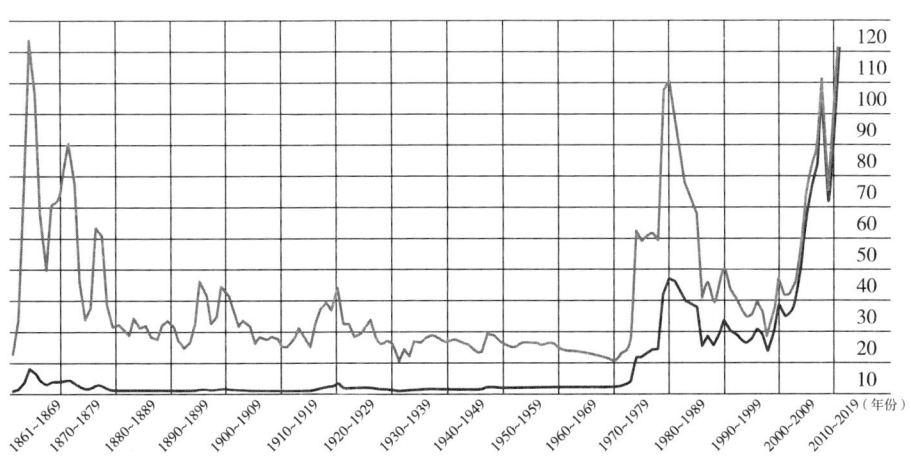

图3-1　1861~2019年世界石油价格变化的年度时间序列

资料来源：BP统计。

参考周期是2019年石油价格，说明工业革命开始的时候石油作为稀缺产品价格较高。

从世界原油市场的价格走势来看，我们可以发现：

（1）工业革命以来，能源市场发生了深刻的结构变化。原油价格的变化与整个世界的经济形势密切相关，原油价格的变化趋势基本代表了世界经济200年的发展历程。即工业革命以来，从世界经济平均来看，增长趋势并不显著，从200年的时间范围来看，后期的增长速度和前期的增长速度有显著差异；在长期的历史过程中，先进工业化国家的工业化历史周期是比较长的，工业革命之初石油价格的高企，主要是由于开采成本和供给不足造成的短期现象，并没有持续太长的时间。但是，工业化真正得到迅猛发展主要是在第二次世界大战之后，能源开始成为影响国家发展的重要战略性资源。图3-2表示世界三大石油价格指数1976~2010年度平均价格，石油价格并非一直处于较高水平，2000年以后，全球石油价格开始步入到一个高速增长的通道之中，石油价格加速上涨的时间分界点是在2000年左右。

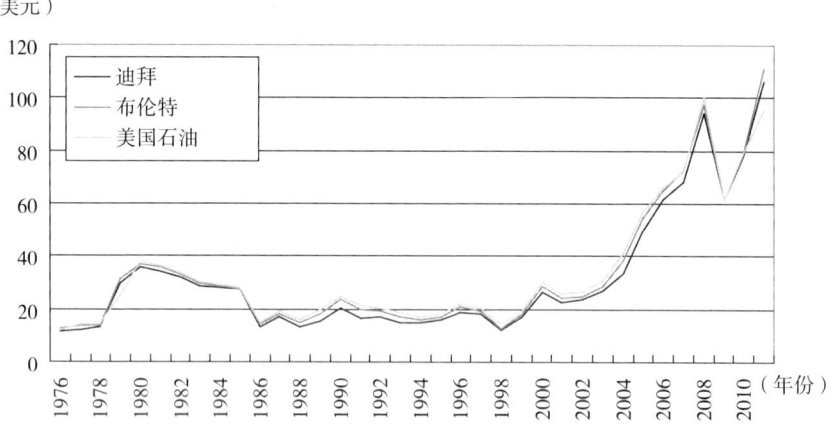

图3-2　1976~2010年世界三大石油定价标尺年度价格

资料来源：BP统计。

（2）政治事件和石油开采技术会对石油价格产生显著的影响。图3-1中标明的重大政治事件和开采技术变革对石油价格均有显著影响，特别是重大的石油供给风险会传导至油价之中，这些政治事件和石油开采技术变革一共有16次。石油供给中断成为全球经济和金融市场的重大事件，最典型的例子是石油输出国组织OPEC在历次中东政治危机中，利用石油武器对抗西方国家的侵略，导致国际石油价格上涨。

（3）从石油价格本身来看，石油价格的长期上涨趋势并没有发生本质的变化。即使考虑到通货膨胀的基本因素，国际石油价格上涨也是持续的，并且国际石油价格的波动明显增大。图3-3以1996年以来Brent原油现货交易价格的月度数据为例，给出了国际石油价格趋势和周期性变化。我们可以发现，一共存在2个石油价格大幅度下降的阶段，每个石油价格下降的阶段持续时间为4个月左右，从长期趋势来看石油价格是剧烈波动和高位运行的。

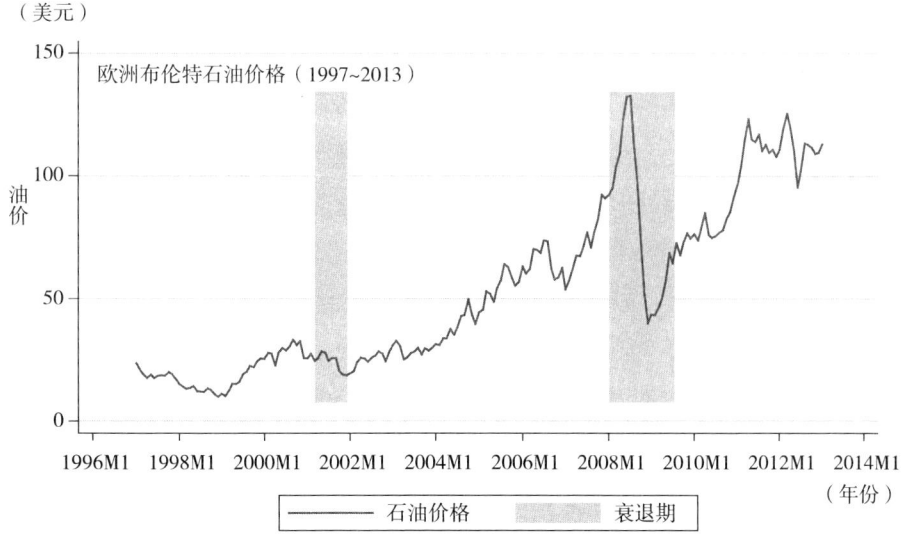

图3-3　布伦特原油价格变化时间趋势和下跌周期

资料来源：纽约原油交易所。

图3-4反映了2000年前后石油价格剧烈下降的基本情况。对2000年石油价格下降的主要解释：欧佩克（OPEC）在1999年之前大规模的减产计划制造了石油紧张局面；信息经济对石油的需求减弱以及连续的暖冬促使石油消费下降。

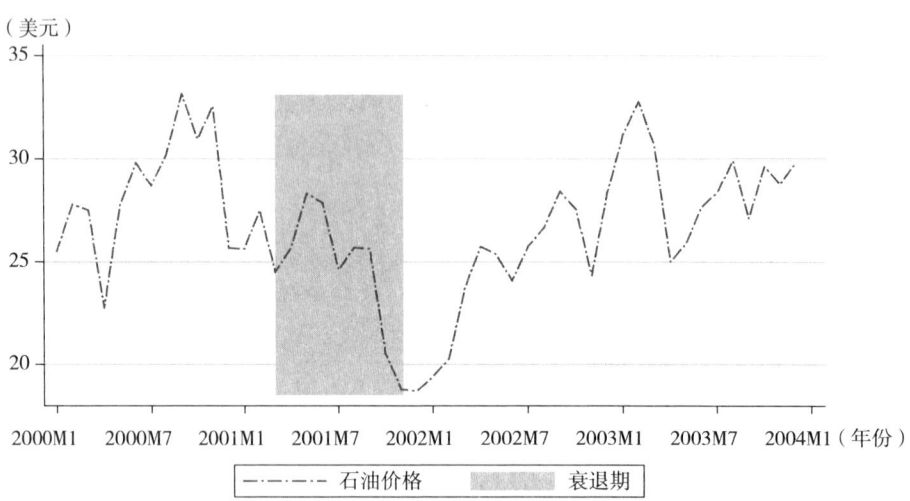

图 3-4　2000~2004 年布伦特原油价格变化的时间趋势

资料来源：纽约原油交易所。

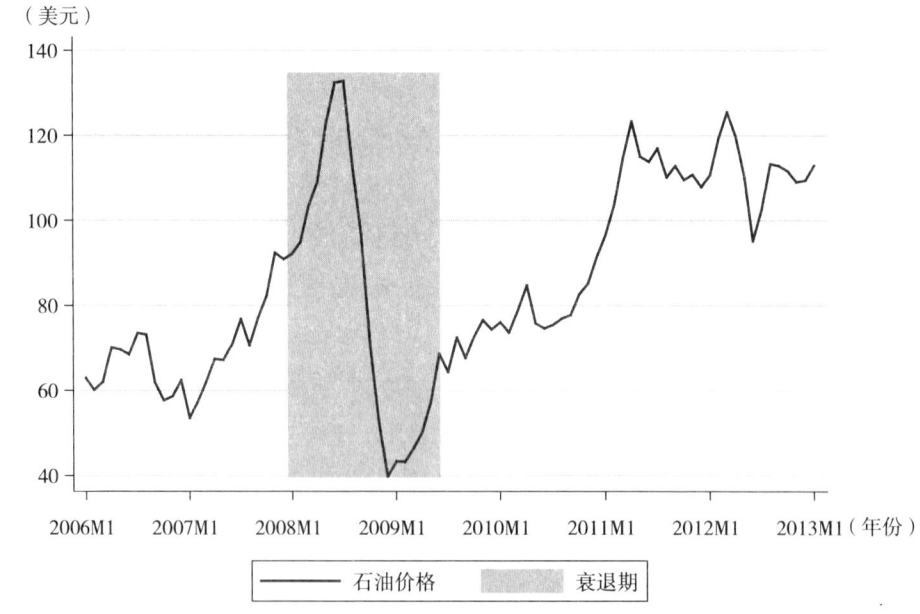

图 3-5　2008~2013 年布伦特原油价格变化的时间趋势

资料来源：纽约原油交易所。

图 3-5 反映了 2006 年以来全球石油价格高位震荡的基本情况。石油开始被称为"大宗商品",彻底改变了以往人们把石油作为工业原料的认识。石油开始成为资本市场重要的商品,与美元的作用相当,2007 年全球石油价格的上涨与美元的量化宽松政策紧密相关。同时注意到,全球经济衰退引起的石油需求减弱,也导致了石油价格在大幅上涨后大幅下降。

3.2.2 我国能源生产、能源消费基本状况

从 1990 年以来,随着我国经济改革的全面展开,我国能源生产和能源消费总量开始迅猛增长。从能源生产量来讲,煤炭生产占据了我国能源生产数量的 70% 以上,能源供给在我国典型地表现为"煤多、油气较少"。从分类别来看,煤炭生产数量占到 70% 左右,而且煤炭的消费量相当稳定,成为我国重要的能源来源。从石油生产来看,石油供给占能源生产的比重为 10% 左右,石油内部供给的数量不断下降,未来国内石油生产数量并没有大的提高。天然气能源的供给占全部能源供给的 3%~5%,天然气的供给相对稳定,但是在能源中所占比例相对较低。

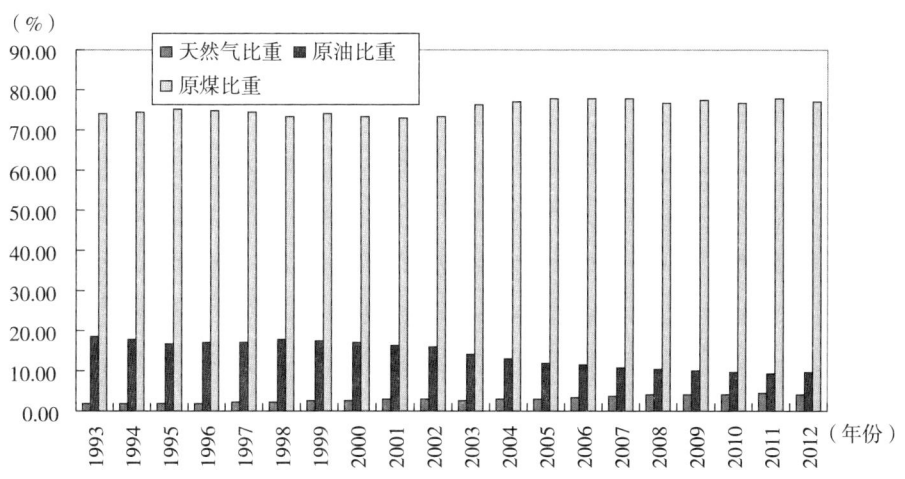

图 3-6　1993~2012 年我国能源(煤、石油、天然气)生产比重

资料来源:《中国统计年鉴》。

了解能源消费情况对我们理解能源市场具有十分重要的意义。我国能源消费与经济增长是密切相关的，能源消费的急剧增长不仅表现在人均能源消费的不断增长，而且表现在能源的消费弹性较高，能源消费数量与 GDP 增长高度相关，甚至能源消费增长率几乎与 GDP 增长率一致。图 3-7 反映了我国人均能源消费的基本情况，我们可以发现：2000 年前后，人均能源消费发生了趋势性变化，现在人均能源消费达到了 250 千克标准煤，考虑到中国巨大的人口规模，可以发现我国在人均能源消费和整体能源消费方面面临巨大压力。从时间上来看，我国 GDP 增长速度、能源消费增长速度和电力消费增长速度的走势基本一致，特别是电力消费的趋势与 GDP 走势高度一致。

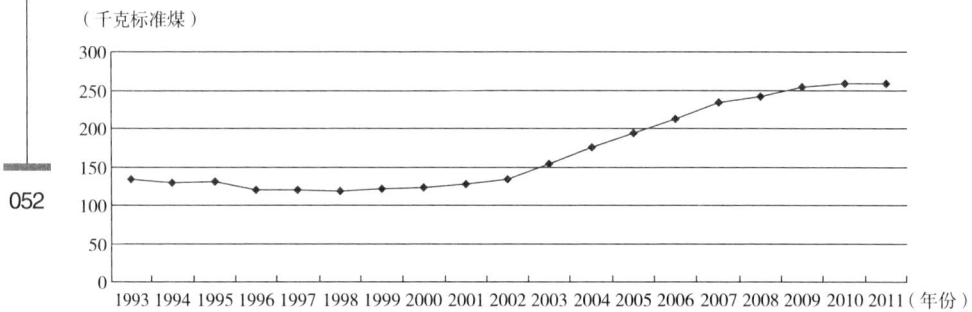

图 3-7 我国人均能源消费的变化趋势

资料来源：《中国统计年鉴》。

能源消费的增长率与 GDP 的增长率相一致，从能源消费弹性来看，1993~2012 年我国能源消费相对于 GDP 的弹性系数均在 20% 以上，2002~2004 年能源消费相对于 GDP 的弹性最高，达到 1.6（见图 3-8），即 GDP 增长 1 个百分点，实际能源消费要增长 1.6 个百分点（见图 3-9）。这不仅说明我国经济能源消耗量较大，另外也反映了我国经济对能源的利用效率较低，属于高耗能经济形态。

能源消费与我国 GDP 的增长关系密切，形成了我国以资源消耗为主的经济增长模式。分类别来看，在能源消费方面，煤炭、石油、天然气的消费基本情况与我国能源生产的形势非常相似。我国能源生产的基本格局，

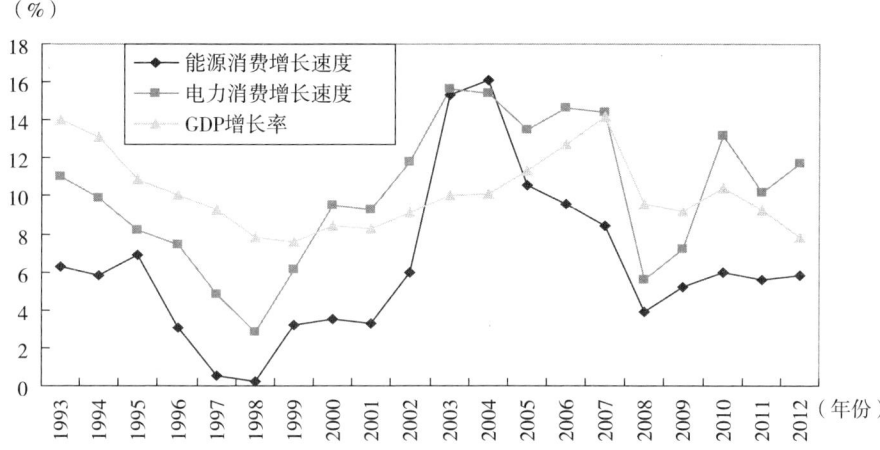

图 3-8　我国能源消费、电力消费与 GDP 增长速度的对比

资料来源：《中国统计年鉴》。

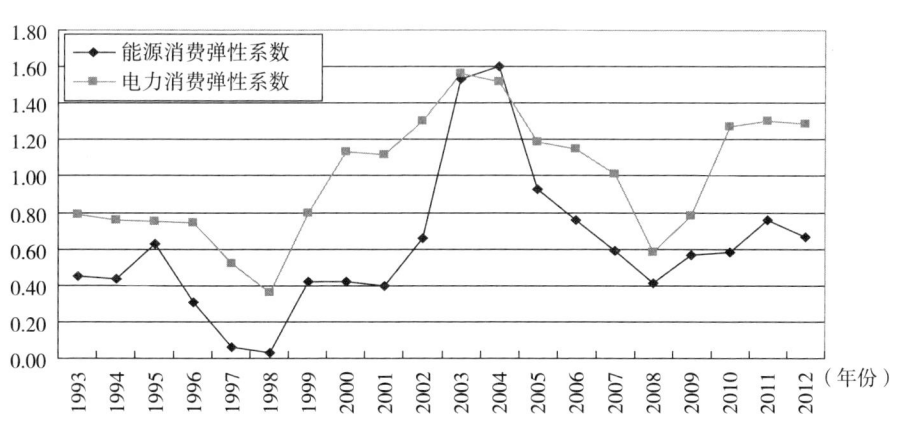

图 3-9　1993~2012 年我国能源消费弹性的变化趋势

资料来源：《中国统计年鉴》。

可以说也是我国能源消费的基本格局。与能源生产形势稍微不同的是，我国能源消费的绝对比重发生了显著变化，这可能反映了我国新能源，包括核电、水电、风能、生物能和太阳能，在能源结构中所占的比例在不断加大。

（1）我国能源消费的基本种类分析。我们可以看到，煤炭的消费比重在 70% 左右，但是石油消费的比重显著上升，占到全部能源消费的 20% 左右,天然气的消费数量与生产数量基本一致。从石油消费来看,生产和消费的缺口主要靠从外部购买解决,因此我国石油消费数量的10%左右需要进口,这个数量在我国目前GDP的增长速度下大致稳定。

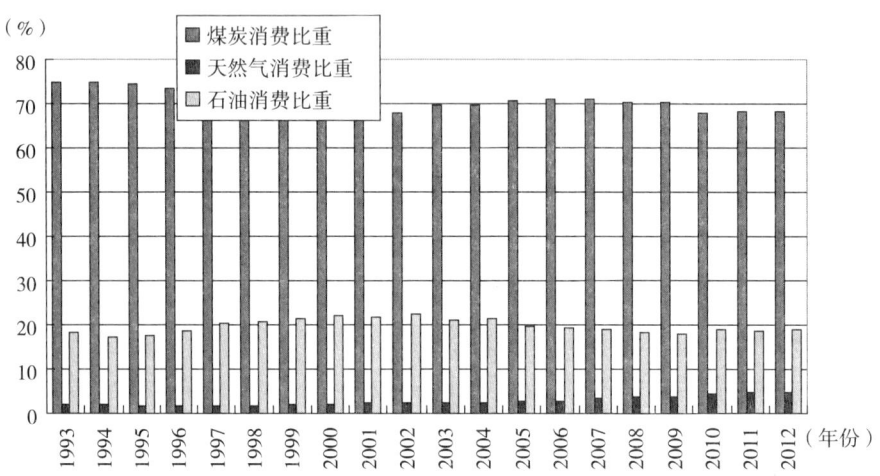

图3-10 1993~2012年我国能源(煤炭、石油和天然气)消费种类变化

资料来源:《中国统计年鉴》。

(2)从能源消费的结构来看,我国能源消费中工业和制造业消费占据绝对垄断地位,生活能源消费在整个能源消费中占比较小。能源消费结构对于一个国家能源政策的制定是非常重要的。从数据统计来看,我国工业能源消费占能源消费总量的50%以上,其中工业制造业消耗能源占能源消费总量的40%,工业制造业消耗的能源总量占到整个工业能源消耗总量的80%。与工业能源消耗相反,我国生活能源消费大约占比10%,生活能源消费在整个能源消费中的比例是相对稳定的。

从能源消费数量来看,我国生活能源消费总量在年均15000万~30000万吨标准煤,占比大约为10%;工业能源消费数量2003年之前是60000万~120000万吨标准煤,2003~2012年是180000万~220000万吨标准煤,占全部能源消费总量的40%,其中制造业能源消耗占工业能源消耗的80%左右。

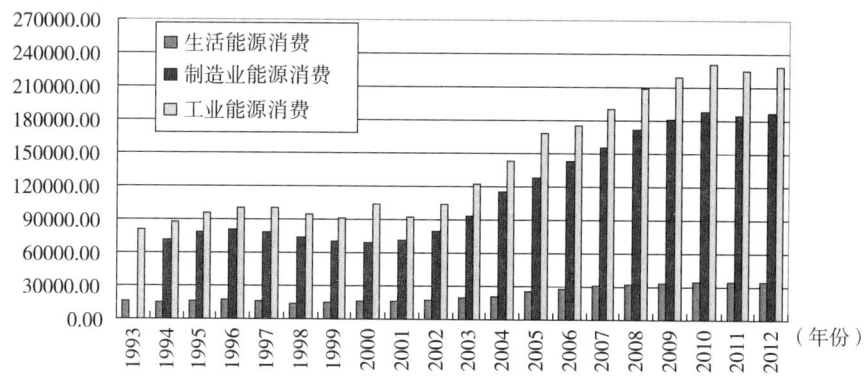

图 3-11 我国工业和生活能源消费的构成

资料来源：《中国统计年鉴》。

（3）石油是我国重要的能源种类，就能源消费来说，石油已经成为我国能源消费的重点。我国的石油消费与欧美发达国家相比具有不同的特点。我国的石油消费主要分布在工业消费方面，石油是重要的工业原料和燃料动力，生活消费的石油数量相对较低。

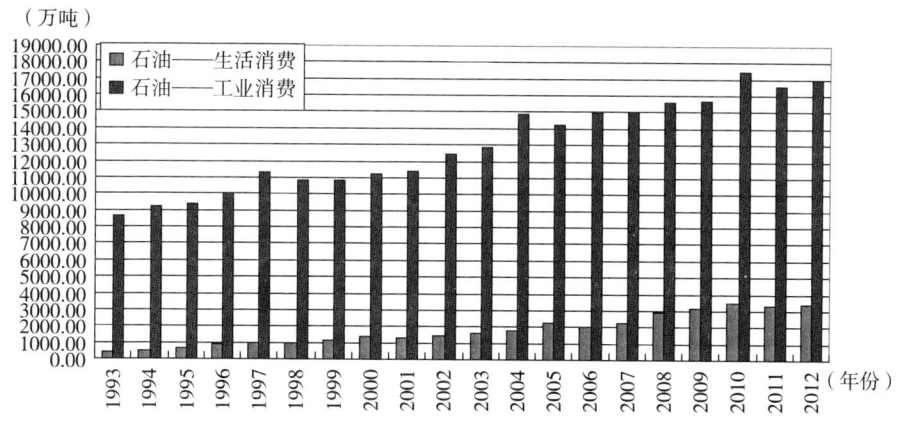

图 3-12 1993~2012 年我国石油消费（工业消费和生活消费）

资料来源：《中国统计年鉴》。

具体来说，我国工业消费的石油数量年均在 8000 万吨左右，最高峰时工业消费的石油总量在18000万吨左右，2005年之后石油的年均工业消费总量在16000万吨以上。生活使用的石油消费量在1000万吨左右，2004年石油生活消费达到2000万吨左右。从数据上可以看到，工业石油消费量是生活石油消费的4~5倍。

另外，生活中使用汽油的数量一直不断上升，汽油在生活消费中的使用数量几乎没有下降，同时工业和制造业的汽油使用数量一直保持在比较稳定的状态。具体来说，汽油在工业生产中的使用数量在400万~800万吨，而生活使用的汽油数量2012年达到年均1000万~1200万吨。

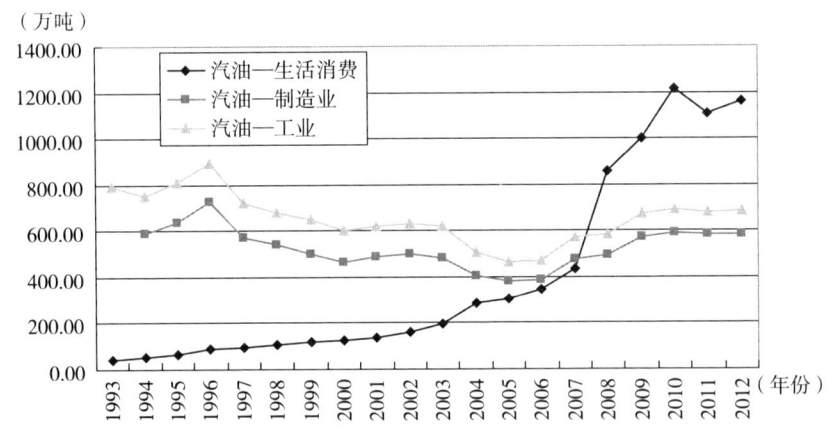

图3-13 我国汽油消费的构成变化

资料来源：《中国统计年鉴》。

3.2.3 我国石油消费与世界主要国家的对比

石油在能源消费中具有重要地位，石油价格也是影响我国能源市场价格的关键性因素，因此考察发达国家与中国石油消费占世界能源的消费比例，可以看到石油资源对我国能源行业的重要意义。

与发达国家相比，我国石油资源的消费占比不断上升。从图3-14我们可以看到，我国石油资源消费的增长趋势明显，2013年石油消费占世界石油消费的10%左右，石油消费比例在1992年之后加速增长。主要发达国家英国、法国、德国石油消费比例一直比较稳定，整体上呈下降趋势，石油消费占比在2%~5%的范围中前进。发达国家石油消费最稳定的国家是澳大利亚。因此，我国石油消费占比是发达国家的2~5倍，未来我国石油消费占比可能还将不断上升。

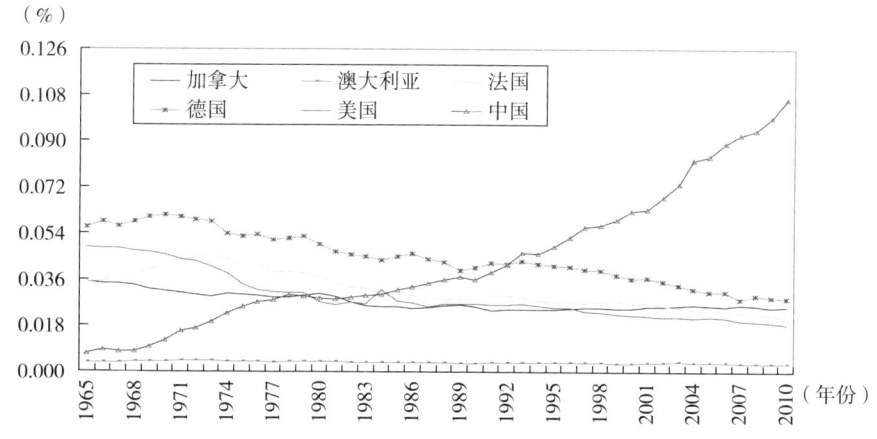

图3-14　1965~2010年世界主要国家石油消费占比

资料来源：BP石油统计。

中国石油消费与美国和日本相比，表现出了不同的特征。作为世界最大的经济体，美国石油消费数量在世界上最大，美国石油消费的绝大部分是生活能源消费。从整体上看，美国石油消费占比从20世纪60年代的36%下降到2011年的22%，但仍然是世界石油消费最大的国家。日本石油消费基本保持稳定，日本石油消费的比例没有超过10%，而且近期日本石油消费的比例还在继续下降。从与美国、日本石油消费对比中可以看到，中国石油消费一直不断上升。

从与这些国家的对比中可以发现，经济规模跟石油消费占比的关系不是确定的正向关系，未来中国经济继续发展对石油的依赖性可能被新能源取代。从发展中国家的石油消费来看，中国在发展中国家中石油消费的比例最高，增长也最快，反映了我国经济增长依靠能源和资源消耗的主要事实，这可能与中国工业化进程有关。中国处于工业化的中后期，对能源的需求在相当长一段时间内还将持续。

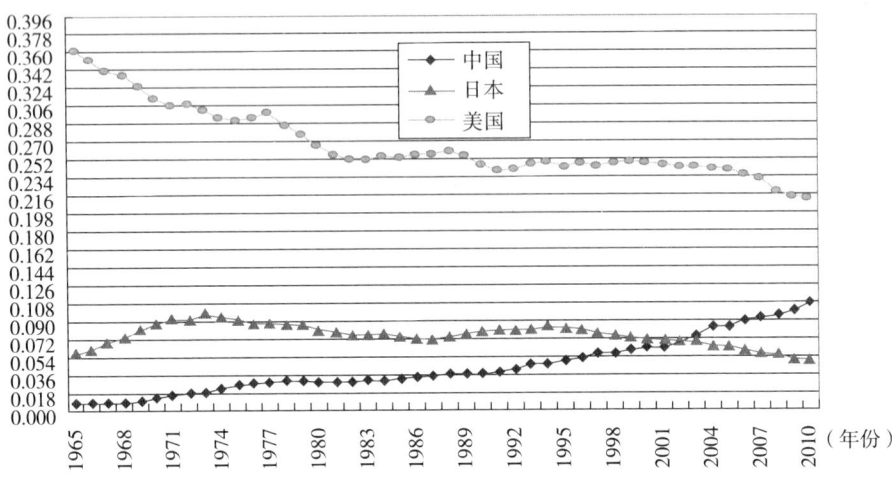

图 3-15　1965~2010 年中国、美国、日本的石油消费占比

资料来源：BP 石油统计。

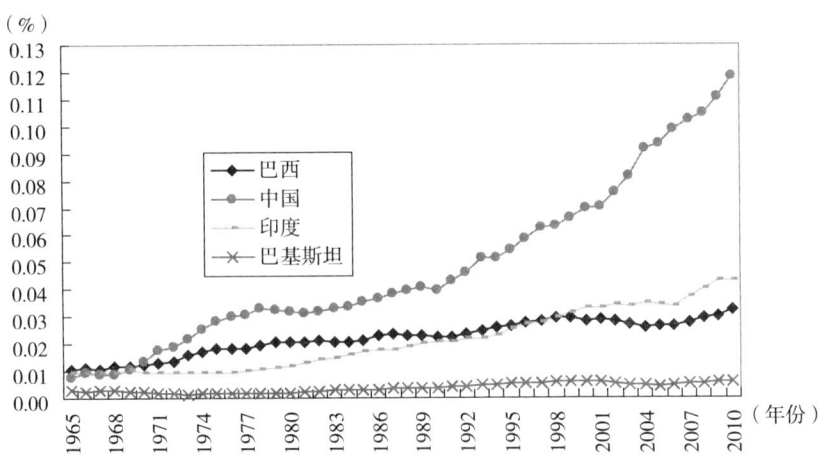

图 3-16　1965~2010 年发展中国家的石油消费占比

资料来源：BP 石油统计。

3.2.4　我国主要能源战略储备

能源的战略储备已经受到世界各个国家的高度重视。就主要的化石能源来讲，在煤炭、石油、天然气的战略储备中，石油的战略储备做得比较

好。我国煤炭和天然气的战略储备尚未形成，但是石油的战略储备已经开始建立。

建立石油战略储备的主要原因是石油消费和分布的地域不均，石油需要长距离、大型的运输才能实现。目前，全球石油资源主要分布在中东地区，石油资源的消费主要在欧美和亚洲，资源分布和消费地域分散，形成了以中东为中心的世界三大油路：好望角到西欧和北美；马六甲海峡到中国、日本和韩国；苏伊士运河到西欧。图3-17给出了2011年全世界石油探明储量的分布，中东地区占48.1%，北美和加勒比海地区占30%左右，亚洲石油探明储量仅占2.5%左右。因此，我国作为石油消费大国，建立石油战略储备的意义不言而喻。

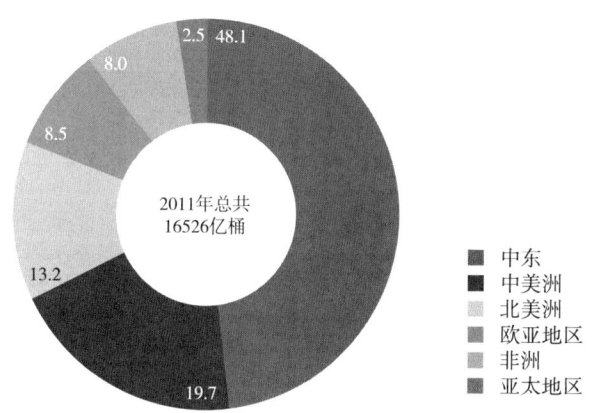

图3-17 世界主要国家和地区已探明石油储量

资料来源：BP石油统计。

石油资源分布不仅地域不均，生产和消费产地也是分离的。从图3-18中我们可以明显看到，全球三大地区石油生产和消费之间存在着差异：亚洲地区石油消费远远大于石油生产；中东地区石油生产远远大于石油消费；北美地区石油消费略大于石油生产。

从已探明的石油储量来看，中国石油储量稳定分布在14亿~18亿吨，与主要新兴市场国家相比，我国的石油储量整体水平较高。但是从图3-18可以看到巴西石油储量迅速上升，可能改变既有的新兴市场国家的石油储备格局。

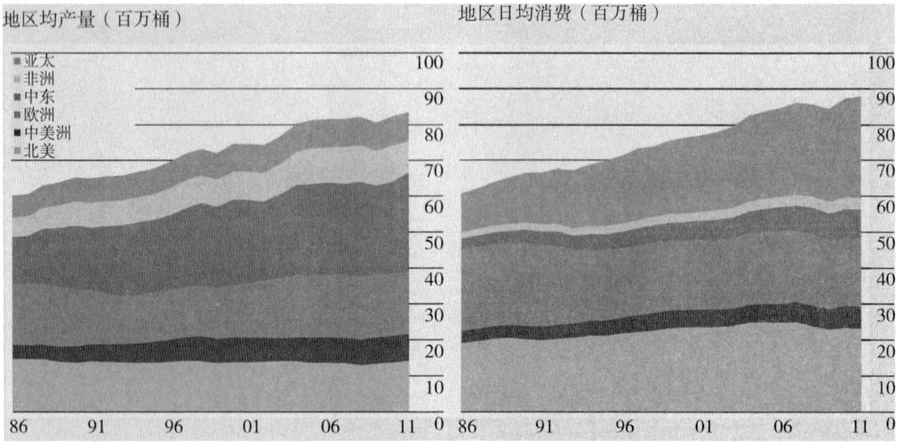

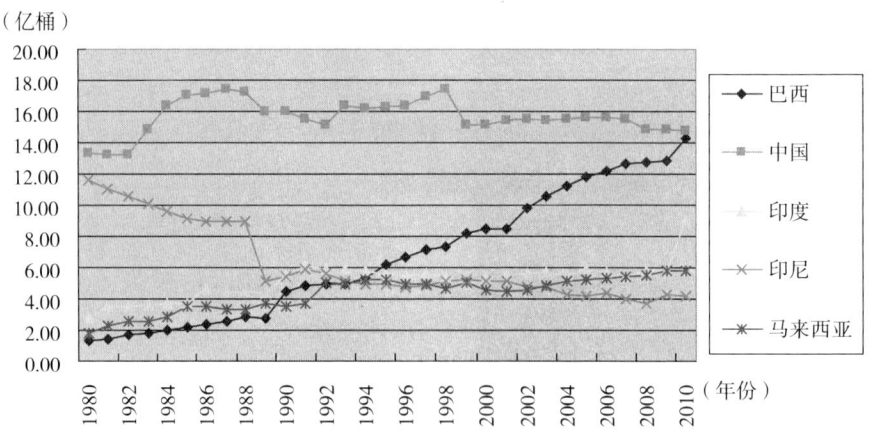

图3-18 世界石油生产和消费的地域分布

资料来源：BP石油统计。

图3-19 主要新兴市场国家石油探明储量

资料来源：BP石油统计。

与欧美主要国家相比，特别是与美国石油储备相比，我国的石油储备数量低于10亿桶左右。石油储备的扩大主要依赖于石油开采技术的不断进步以及海底石油的勘探和开发，未来石油储备规模的扩大也可能改变我国的石油储备格局。但是，从总体上看，我国的石油储藏量远远满足不了自

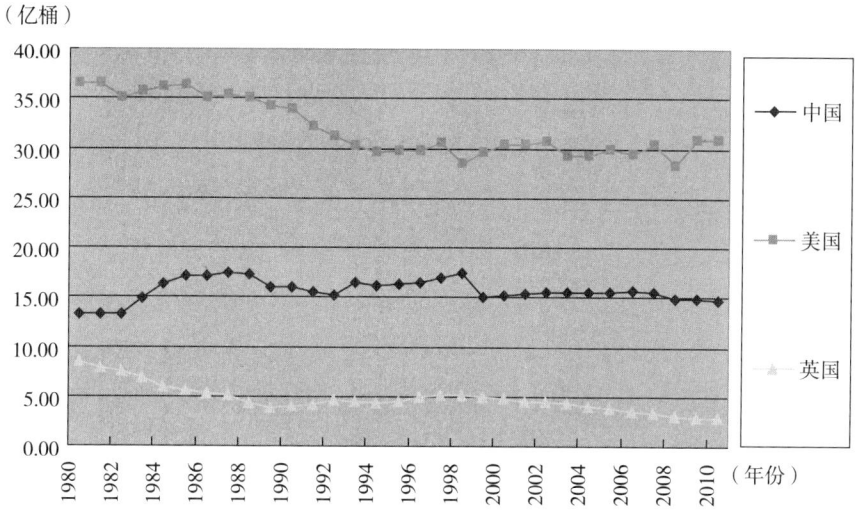

图 3-20 中国、美国、英国已探明石油储量比较

资料来源：BP 石油统计。

身的需求，因此我国在国际市场积极采购石油。从图 3-21 中我们可以看到，主要发达国家的石油进口量数量不断下降，新兴市场国家的石油进口量不断上升。新兴市场国家整体石油进口规模达到 50% 左右，中国的石油进口占据了其中绝大部分。

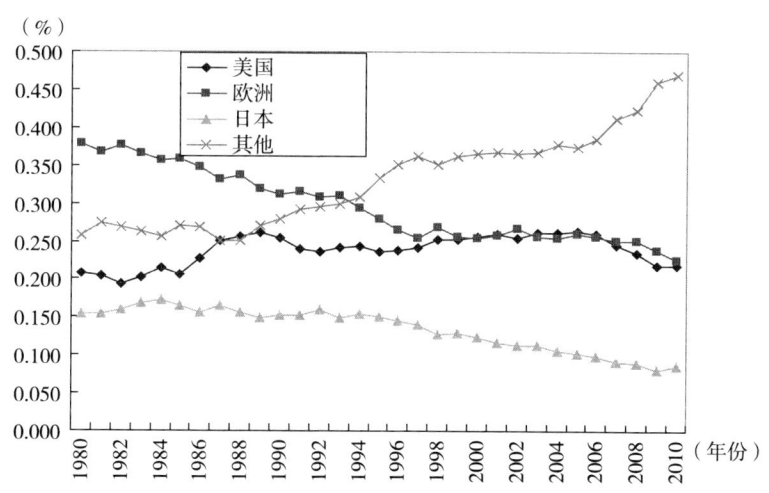

图 3-21 世界主要国家和地区石油进口占比变动

资料来源：BP 石油统计。

从原油和石油产品进口数量来看,美国和欧洲石油的对外依存度明显大于我国。图 3-22 和图 3-23 反映了 2011 年世界主要国家和地区进口原油和石油产品的比例。中国原油进口占比为 13%,石油产品进口占比为 8%。尽管相对于其他国家和地区以及考虑到中国经济的增长规模,这样的原油和石油产品的进口量并不是太大,但是中国石油资源的对外依存度明显高于其他国家和地区,主要原因是中国是一个贫油国家,石油资源的进口量占据了国内石油资源绝大部分。

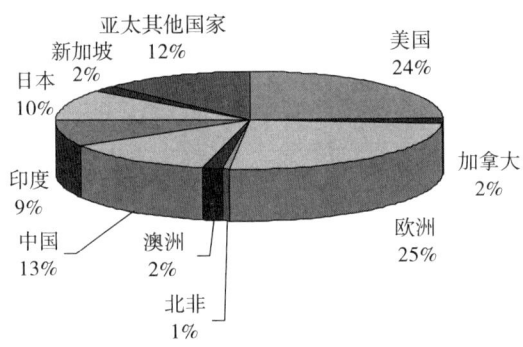

图 3-22 2011 年世界主要国家和地区原油进口

资料来源:BP 石油统计。

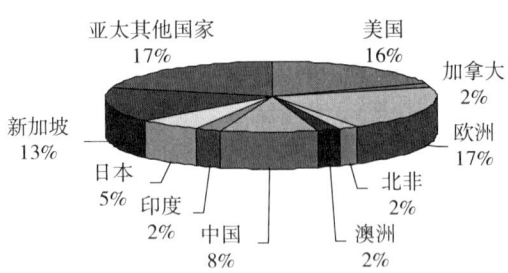

图 3-23 2011 年世界主要国家和地区石油产品进口

资料来源:BP 石油统计。

因此,中国要积极考虑建立自己的石油储备体系。世界各国都在建立自己的石油储备体系。石油储备方式通常有 6 种:地上浮顶油罐、地中油槽、岩洞、盐穴、海上油罐及海底盐穴储油。世界上最大的石油储备国是美国，于1975年开始兴建石油储备体系，其储备总量占经合组织国家（OECD）石油战略储备总量的60%。日本1997年石油储备可供使用154天，总共达到6.12亿桶。法国1925年制定《石油法》明确规定，所有进口原油产品批发商均须获得许可证，并建立最近12个月消费量1/4的战略储备。经合组织国家（OECD）1974年要求成员国保证90天石油净进口量的石油储备义务。

2013年我国石油系统综合储备天数仅为21.6天。第一期石油储备基地位于镇海、岱山、黄岛、大连，第二期石油储备数量规划为1000万~1200万吨，第三期储备基地为2800万吨。全部三期石油储备基地建设完成之后，可形成10天的石油储备规模。2015年形成90天的石油储备规模，总储存能力为1.7亿桶，商业石油储备能力为2.2亿桶。中国应该不断完善石油储备体系，保障我国经济发展的石油安全。

3.2.5 能源价格与主要价格指数的关系

由于我国能源需求，特别是石油需求对外部市场的依赖程度较大，我国能源市场价格受到国际能源市场的强烈影响。尽管我国能源市场价格，包括石油、天然气、煤炭和电力价格受到国家的严格管制，但是国际能源市场的价格波动对我国能源市场的影响较大。关于我国能源市场价格机制改革的相关内容，本书导言部分有详细介绍，这里就不再论述。随着国内外能源价格机制进一步完善，我国能源市场与国际能源市场之间的联系会不断增强，外部能源价格冲击对我国能源需求和供给将产生深刻影响。从图3-24可以看到，我国能源价格指数的变化和国际能源价格指数的变化在趋势上基本相同，我国能源价格比国际能源价格波动幅度更加明显，反映了我国能源市场更为复杂的格局。

从国内其他价格指数，包括消费者物价指数（CPI）、国内36个大中城市物价指数（CPI-36）可以发现，国内外价格指数的趋势和波动几乎是同步的。从时间趋势来看，较早时期的能源价格波动与国内经济物价指数的相关程度较弱，两者之间的差距比较大。

2007年之后，国际能源价格与我国主要宏观经济物价指数的关系更为紧密，两者之间的波动性联系也更为紧密。国际能源价格对我国物价指数

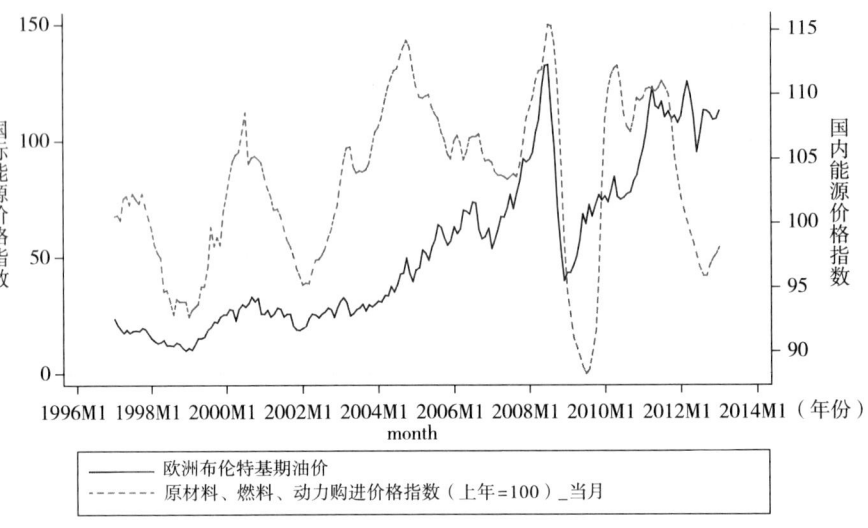

图 3-24 国际能源价格波动与国内能源价格指数的关系

资料来源：BP 石油统计等。

的影响也是本书分析的重点，同时也是进行模型刻画的主要根据。外部能源市场对我国经济产出和物价的影响程度是我们建立模型刻画能源冲击的主要目的。这种讨论如果在多部门的框架下将更为有意义，能源冲击对部门经济的影响将对我国产业政策制定有指导意义。

国际能源市场的价格冲击与我国能源消费有紧密联系，特别是生活能源消费，这些与石油消费紧密相关部门的价格变化直接反映了外部能源价格冲击对我国实体经济的影响。城市交通消费价格指数的变化相对平稳，主要是受到消费者平滑消费的影响，消费者会自动调整能源冲击对经济的影响，对能源冲击进行内生选择。

耐用消费品是能源使用比较集中的部门，考察耐用消费品价格指数的变化可以发现，耐用消费品价格波动程度更大。当能源价格冲击波动较大的时候，耐用消费品价格的波动也相当剧烈。这可能与我们国家耐用消费品消费模式相关，耐用消费品在我国数量较多，面对能源价格冲击，消费者可能把能源价格当作购买耐用消费品的主要参考目标，从而影响到耐用消费品的剧烈波动。

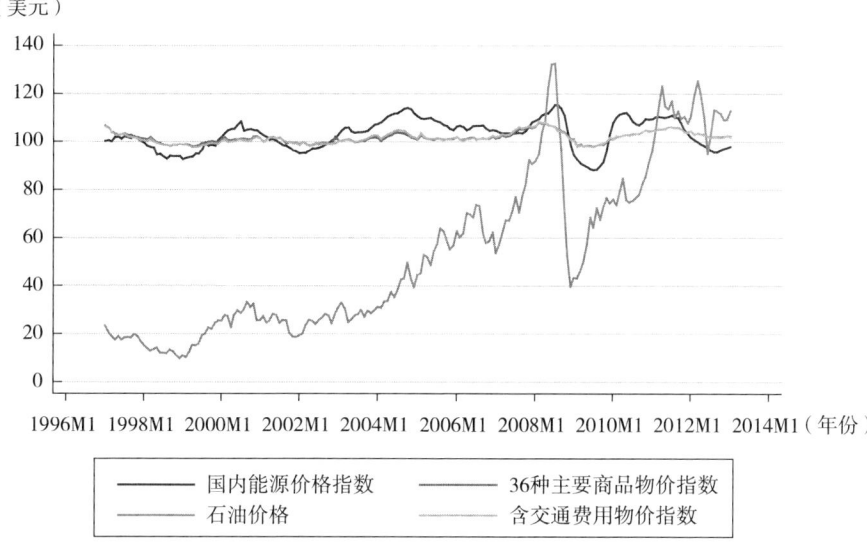

图 3-25　1996~2014 年国内价格指数与国际能源价格的关系

资料来源：BP 石油统计等。

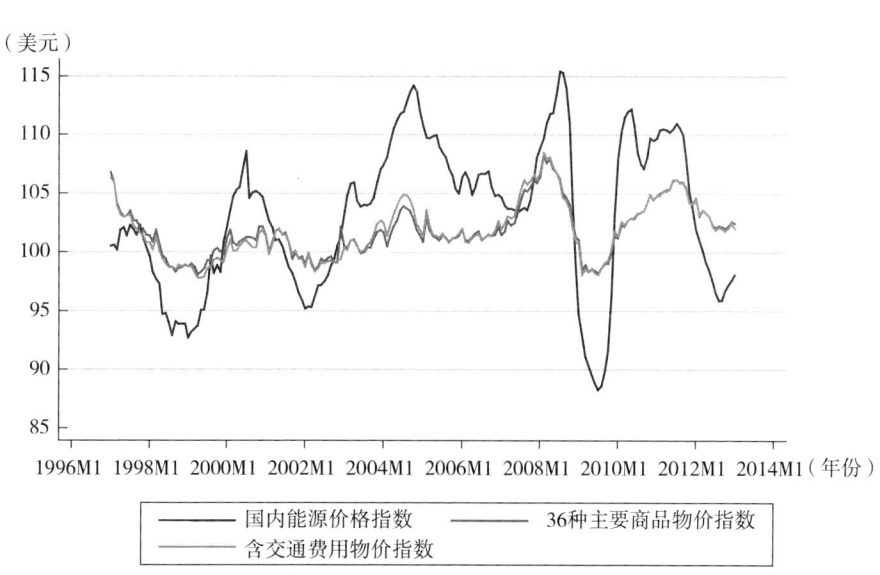

图 3-26　我国主要交通、耐用品消费指数与国际能源价格的关系

资料来源：BP 石油统计等。

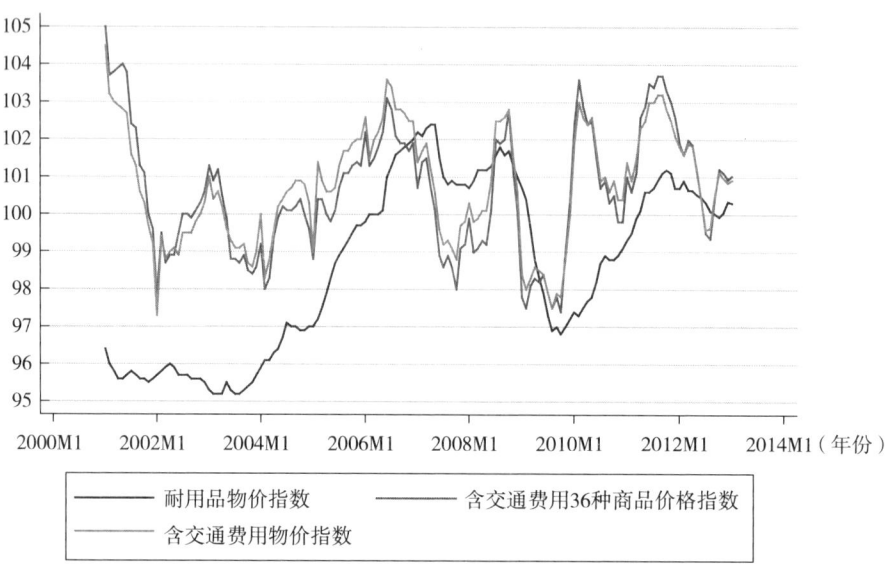

图 3-27 我国主要交通、耐用品消费指数之间的关系

资料来源：BP 石油统计等。

3.3 SVAR 模型：估计能源价格冲击对我国宏观经济的影响

从 3.2 节我国能源市场与国际能源市场的相关关系以及我国能源经济现状可以看到，我国对外部能源市场供给的依存度正在上升，外部能源价格对我国宏观经济的影响越来越深入，能源供给和需求冲击开始对我国主要的宏观经济变量产生全方位的影响。在本节中，我们构建一个 SVAR 模型来分析外部能源市场对我国主要产出数量和价格水平的影响，主要的宏观经济变量包括 GDP、GDP 平减指数（GDPindex）、居民消费（CONSP）、消费者物价指数（CPI）、固定资产投资完成额（I）、工业增加值的增长率（INDRATE）、外部能源价格（PE）、净出口总额（TRADE）。

3.3.1 SVAR 模型的构建说明

在时间序列的分析中，VAR 模型是比较常见的，它把经济变量或者在经济理论上有相关关系的主要变量放在一个经济系统中来加以考虑。关于 VAR 模型的理论发展，可以参见克里斯托弗·西姆斯（Christopher Sims）、托马斯·萨金特（Thomas J. Sargent）对 VAR 模型的主要研究。VAR 模型发展相对成熟，对于解决时间序列之间相互影响的关系给出了很好的数量上的解读，模型设定和数据估计也能得到较好的推广和应用，已经成为许多经济学家和政策使用者分析宏观经济变量之间相互影响关系比较传统的方法。Sims 和 Sargent 也因为对宏观经济政策的研究获得 2011 年诺贝尔经济学奖。

根据 3.2 节的数据分析和经济学基本理论，外部能源价格对我国经济影响主要包括两大方面：其一，能源供给和需求会影响我国的实际经济变量，主要包括产出、资本形成总量、消费总量、工业总产值的增长率等实体经济变量；其二，我国主要能源供给，特别是工业使用的石油主要来自外部市场的供应，外部能源市场的价格冲击会传导至我国内部的经济价格指数。因此，将这些经济变量以及外部能源价格看作是一个经济系统，构建一个多变量的向量自回归（VAR）模型。我们假设外部能源市场的价格是严格外生的变量，从而可以分析外部能源市场价格变化对内部的经济变量的影响；同时，模型也涉及主要宏观变量的冲击，以分析模型中我们不能完全设定的各种随机性冲击对系统的影响。

由于 VAR 模型考虑的是系统之间的滞后关系，VAR 模型可以表示为如下的模型系统：

$$y_t = \Phi_1 y_{t-1} + \Phi_2 y_{t-2} + \Phi_3 y_{t-3} + \cdots + \Phi_p y_{t-p} + F x_t + \xi_t$$

其中，$t = 1, 2, 3, \cdots, T$。$y_t = [\text{GDP}_t\ \text{GDPindex}_t\ \text{CONSP}_t\ \text{CPI}_t\ I_t\ \text{INDRATE}_t\ \text{PE}_t\ \text{TRADE}_t]'$ 表示我们考虑的整个经济系统，使用向量 y_t 来表示，x_t 表示其他影响模型系统的外生变量，$\Phi_1, \Phi_2, \Phi_3, \cdots, \Phi_p$ 表示模型的参数矩阵，ξ_t 具有良好的统计性质，同期变量之间的冲击可能相关，但是在 t 期，ξ_t 不存在自相关，而且与模型滞后变量之间不存在相关关系。从上面的模型构建我们可以看到，模型仅仅是考虑了变量之间的滞后关系，变量之间的同期相关关系我们并没有加以考虑。

根据数据分析和经济学理论，我们认为构建 VAR 模型并不能真实地反映变量之间的系统关系，特别是当期因素之间的相关关系也是非常重要的。这种同期的相关性，或者说内生性问题在能源价格模型中表现更为突出，因此为了考虑同期变量之间的隐含关系，本书采用结构向量自回归模型（SVAR）来估计能源价格的冲击。同时，根据 Rotemberg 和 Woodford（1996）的研究结果，能源价格的外生性假设可能在一定的情况下并不成立，当我们考虑经济体本身的能源消费量较大，足以影响世界能源价格的时候，可以知道能源价格是内生的。因此，我们估计模型的时候需要检验实际经济变量是否影响能源价格。

根据 SVAR 模型的基本设定，模型能够较完整地刻画经济变量之间的关系，但是模型的参数过多。一般来说，对于 n 元 p 阶的简化 VAR 模型来说，$y_t = \Phi_1 y_{t-1} + \Phi_2 y_{t-2} + \Phi_3 y_{t-3} + \cdots + \Phi_p y_{t-p} + \xi_t$，需要估计的参数个数为 $n^2p + \frac{k(k+1)}{2}$，其中每个方程估计的系数为 np，而一共有 n 元方程，共需要估计 n^2p 个系数，而 VAR 模型误差协方差矩阵需要估计的参数个数为 $\frac{n(n+1)}{2}$，因此一共需要估计 $n^2p + \frac{n(n+1)}{2}$ 个参数。化成 SVAR 之后，同样是 n 元 p 阶的方程组，一共有 n 元方程，共需要估计 $n^2p + n^2$ 个参数。因为化成 SVAR 模型之后，模型对参数施加了约束条件。SVAR 模型的系数约束矩阵采用 AB 型。具体来说，我们假设 A 矩阵、B 矩阵如下所示：

$$A = \begin{bmatrix} 1, & 0, & 0, & 0, & 0, & 0 \\ NA, & 1, & 0, & 0, & 0, & 0 \\ NA, & NA, & 1, & 0, & 0, & 0 \\ NA, & NA, & NA, & 1, & 0, & 0 \\ NA, & NA, & NA, & NA, & 1, & 0 \\ NA, & NA, & NA, & NA, & NA, & 1 \end{bmatrix} \quad B = \begin{bmatrix} 1, & 0, & 0, & 0, & 0, & 0 \\ 0, & 1, & 0, & 0, & 0, & 0 \\ 0, & 0, & 1, & 0, & 0, & 0 \\ 0, & 0, & 0, & 1, & 0, & 0 \\ 0, & 0, & 0, & 0, & 1, & 0 \\ 0, & 0, & 0, & 0, & 0, & 1 \end{bmatrix}$$

3.3.2 主要数据处理和变量选择

由于我们使用了 1992~2012 年我国产出、消费、投资、消费者物价指数、工业增加值的增长率、外部能源价格、净出口总额的季度数据，通过数据的折线图可以看到，主要宏观变量受季节因素的影响很大，对所有的时间序列采取 X_{12} 的季节平滑处理。季节平滑之后的数据，我们计算了数据的基本统计量，包括均值、标准差、最大值、最小值、中位数，对数据进行了 Jarque-Bera 统计量的检验，可以看到，除了 GDP 平减指数和工业增加值的增长率，许多数据本身并不是正态分布的数列。

根据能源价格冲击的演化路径，本书对主要宏观经济变量进行分样本的统计分析，统计分析的具体情况如图 3-28 所示。从数据的基本统计来看，可以得到以下一些基本的分析和判断：

第一，外部能源价格出现过 2 次比较大的波动，时间点分别是 2001 年和 2007 年。我们使用的能源价格数据主要是石油价格，因为石油可以代表整个能源消费和使用的基本情况，而且石油的交易和市场化程度也是最高的。从实际经济现象来看，2001 年石油价格的上涨和 2007 年石油价格的上涨原因是不一样的。2001 年石油价格上涨主要是欧佩克石油输出国组织（OPEC）等主要产油国家的政策调控。2001 年之前，由于石油开采技术的进步，石油的交易成本下降，特别是 20 世纪 90 年代后期信息经济的迅速发展，对石油需求显著下降，导致了欧佩克石油输出国组织（OPEC）通过稳定石油产量来提高石油价格。1998~1999 年，欧佩克石油输出国组织（OPEC）进行了三次减产，减产规模最大达到 200 万桶/日。当 2000 年以后全球经济开始复苏，特别是新兴市场国家对石油需求快速上升，全球石油价格在 2001 年开始飙升至每桶 50 美元左右。2007 年全球受美国金融危机影响，美元开始量化宽松，美元贬值和新兴市场需求大规模增加，大量的资金开始追逐实物资产，导致了 2007 年以来以石油为主的大宗商品价格持续高位震荡。

第二，能源价格受到通货膨胀的影响，通胀对能源价格的影响非常大。从样本均值来看，外部能源价格（石油价格）在 2001~2007 年表现出了异常增长。2000 年之前的外部能源价格均值仅占全部能源价格均值的 40% 左右，而 2001~2007 年能源价格的平均水平占整个样本期间能源平均价格的 60% 左右。表面上，能源价格表现出了长期高企的增长态势，但是考虑到物价因素的不断攀升，我们可以发现：实际经济变量，比如工业总产值增长率、按照不变价格计算的 GDP 平减指数，在能源价格大幅上涨的过程中并没有出现大幅波动；相反，我们看到名义变量整体上样本后期的平均值要大于样本前期，即 2001 年之后 GDP、消费、投资、贸易余额、CPI 等名义变量显著大于 2000 年之前数值。图 3-28 显示了原始能源价格和未经调整的能源价格波动趋势，二者基本上没有什么差异，但是经过通货膨胀调整的能源价格明显波动程度要小，反映了通胀因素在能源价格波动中起到了一定程度的推动作用。

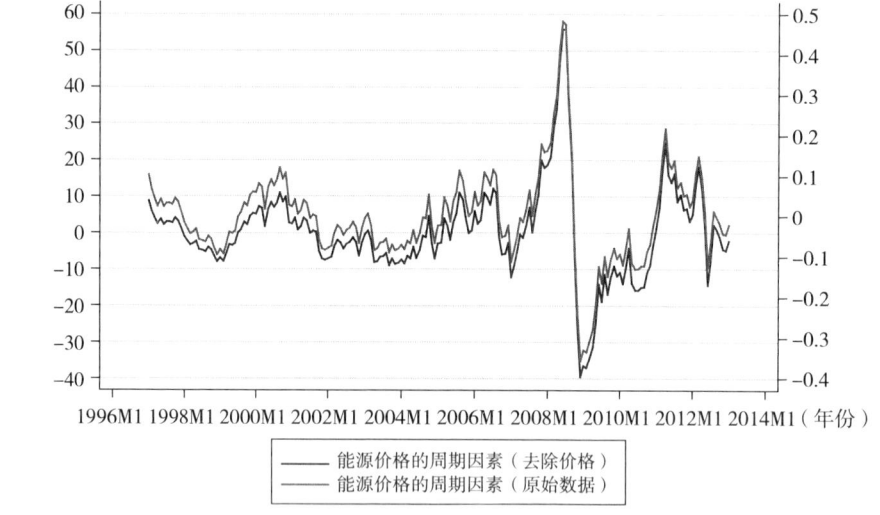

图 3-28 原始能源价格和经过物价调整的能源价格比较

注：能源价格用石油价格的月度数据，物价指数采用相同期间经过季度调整的 CPI 数据，数据均采用 HP 滤波的基本方法，因此数据均表示偏离均衡位置的幅度，两者数据是可比的。

资料来源：BP 石油统计。

第三，从主要宏观经济变量的变异系数来看，各主要宏观经济变量波动状况时间性非常明显，其中 1992~2000 年各主要宏观变量的变化程度显然大于其他经济时期。出现这种现象的原因可能是经济在改革开放的前 10 年增长速度更快，各主要宏观变量的波动幅度更大。

对比前后两段时间主要宏观变量的波动状况，我们可以发现，主要宏观经济变量在 2001~2007 年以及 2008~2012 年的变异程度显著小于 1992~

2000年，说明经济体在应对外来冲击的过程中，平滑性得到充分体现，经济反应机制更加健全，变异程度降低反映了经济体适应能力得到快速的加强。

表3-2 我国宏观经济变量的变异系数

年份	GDP	GDP平减指数	消费	CPI	总投资	能源价格指数	工业增加值增长率	净出口总额
1992~2012	0.79	0.02	0.85	0.06	1.25	0.74	0.26	0.94
1992~2000	1.09	0.02	0.91	0.09	2.14	0.41	0.61	0.60
2001~2007	0.31	0.02	0.31	0.02	0.53	0.44	0.19	0.48
2008~2012	0.36	0.02	0.34	0.06	0.42	0.20	0.12	0.22

3.3.3 序列平稳性检验和模型的阶数识别

在建立SVAR模型之前，我们对8个序列进行了平稳性检验。因为只有平稳的序列才能建立SVAR模型，同时模型的构造必须考虑到模型的经济意义。平稳性的时间序列检验采用了ADF检验，根据实际情况进行了带截距项和不带截距项的单位根检验，同时统计软件报告了相关检验统计量。

根据平稳性检验的基本结果，我们发现GDP平减指数和工业增加值的增长率是平稳序列，显著性水平在5%左右；GDP、消费、投资和能源价格、贸易余额等数列表现出差分平稳或者2阶差分平稳的基本性质，经过差分以后，我们同样检验了这些差分序列的单位根性质。

因为投资和消费表现出2阶差分的基本性质，考虑到模型的经济意义，我们去掉这两个经济变量[①]，最终建立了包括6个变量的SVAR模型：其中，GDP、工业增加值的增长率、净出口总额为实际经济变量，GDP平减指数、CPI、能源价格为经济中的物价水平指数。

---

① 在这里，我们不使用更高阶的差分来促进序列的平稳化，主要是因为差分序列会改变序列本身的经济意义，同时我们考虑能源价格和国内主要产出变量和物价水平的影响，并不十分关心消费和资本形成总额，因此我们考虑包括6个变量的经济模型。

表 3-3　主要宏观经济变量的平稳性检验（带截距和趋势项的 ADF 检验）

模型设定	GDP	GDP 平减指数	消费	CPI	总投资	能源价格指数	工业增加值增长率	净出口总额
水平值单位根检验（P 值）	1	0	1	0.638	1	0.32	0.05	1
带截距和趋势（t）	-2.56	-7	-5.8	-1.9	-2.4	-2.5	-3.4	-0.7
一阶差分单位根检验（P 值）	0	0	0.94	0	1	0	0	0
带截距和趋势（t）	-7.38	-11	-1	-4.9	-0.1	-8.33	-6.7	-6.3
二阶差分单位根检验（P 值）			0		0			
带截距和趋势（t）			-7.2		-8			

在建立 SVAR 模型之前，我们必须选择合适的滞后阶数，表 3-4 为各阶在滞后系数给定的情况下的模型统计量，＊＊＊表示选择该统计量，模型选择标准支持阶数设定。表 3-4 使用 LogL、LR、FPE、AIC、SC、HQ 6 个统计标准来选择模型。表 3-4 一共进行了 3 阶、4 阶、5 阶模型的选择，模型的选择情况如表 3-4 所示。我们根据多数模型选择标准，最终确定选择 4 阶作为模型的滞后系数。

表 3-4　SVAR（4 阶）模型滞后阶数的选择

VAR Lag Order Selection Criteria

3 阶统计量

Lag	LogL	LR	FPE	AIC	SC	HQ
0	−2710.569	NA	1.26e+22	67.91421	68.09287	67.98584
1	−2587.465	224.6637	1.43e+21	65.73663	66.98719***	66.23802***
2	−2541.470	77.04195***	1.13e+21***	65.48675***	67.80923	66.41790
3	−2510.890	46.63392	1.34e+21	65.62226	69.01665	66.98317

4 阶统计量

Lag	LogL	LR	FPE	AIC	SC	HQ
0	−2672.887	NA	1.15e+22	67.81993	67.99989	67.89202
1	−2553.266	218.0437	1.38e+21	65.70294	66.96264***	66.20761
2	−2508.585	74.65741	1.13e+21	65.48316	67.82261	66.42041
3	−2477.809	46.74795	1.34e+21	65.61542	69.03462	66.98525
4	−2386.073	125.4105***	3.53e+20***	64.20439***	68.70334	66.00681***

5 阶统计量

Lag	LogL	LR	FPE	AIC	SC	HQ
0	−2602.497	NA	1.07e+22	67.75318	67.93581	67.82623
1	−2488.281	207.6658	1.41e+21	65.72159	67.00003***	66.23295
2	−2444.663	72.50787	1.18e+21	65.52372	67.89796	66.47340
3	−2413.200	47.39976	1.38e+21	65.64155	69.11160	67.02954
4	−2321.699	123.5854***	3.55e+20***	64.19997	68.76582	66.02627***
5	−2282.543	46.78345	3.78e+20	64.11800	69.77966	66.38262
6	−2245.632	38.34886	4.63e+20	64.09435***	70.85181	66.79727

注：根据 VAR 模型的滞后阶数的选择标准，*** 表示依据不同选择标准得到的最合适的 VAR 模型最佳阶数。Lag 表示模型的滞后阶数，LogL 表示计算的对数似然函数值，LR 表示调整的似然比统计量，FPE 表示最终预测误差，AIC 和 SC 表示模型定阶的赤池信息准则和施瓦茨信息准则，HQ 表示 Hannan-Quinn 信息选择准则，这些统计量反映了模型信息标准。根据阶数不同，模型全样本为 1992 年第一季度到 2012 年第四季度，根据不一样的模型设定标准可以得到不同调整样本值，分别为 84 个、79 个和 77 个。

3.4 SVAR 模型稳健性分析和 Granger Causality 检验

构建 SVAR 模型之后，我们对模型的稳健性进行了分析，模型稳健性分析的相关结果在本章附录的表和图中。一般来讲，对 SVAR 模型的稳健性分析主要包括模型残差的序列相关性检验，模型的特征根分析以及模型残差相关图的判定。下面依次采用这三个方法对本书建立的 SVAR 模型进行分析，这些分析是下文使用模型来分析能源价格冲击对我国经济影响的基础。

首先，本章对模型残差的序列相关性进行检验。时间序列通常表现为高度的序列相关性，检验相关性一般采用 LM 检验的基本方法。表 3-7 给出了模型 1~12 阶残差序列的相关性检验，从 P 值可以看到，模型 4 阶以上的 LM 检验统计量都表示没有自相关，符合我们的基本要求。

其次，观察模型系统的特征，评价 SVAR 模型稳健性的第 2 个指标是查看模型系统的特征根。如果模型的特征根都在单位圆之内，则模型的稳定性能够得到满足，如果模型不稳定，将会导致有些模型结果不是有效的。从模型 AR 根的统计表我们可以看到，有 2 个根位于单位圆之外，因此我们将去掉模型中 GDP 平减指数的回归结果。

最后，评价模型的第 3 个方法是检查残差图。从相关残差图我们可以看到，模型的主要内生变量的残差相关程度很小，表现出剧烈波动的特征。从残差的波动性来看，可能存在着 ARCH 或者 GARCH 效应，但这不是本书的主要分析对象，因此我们忽略相关的分析。

在模型稳健性分析之后，本章对模型系统进行 Granger Causality 检验可以选择加入模型中的合适外生变量，即模型中内生变量的滞后项是否可以作为外生变量来解释前面的因变量。模型给出了每一个方程中其他内生变量的滞后项联合显著性的 χ^2（Wald）检验统计量，用来判断模型中内生变量的滞后项能否作为有效的解释变量。表 3-5 和表 3-6 给出了能源价格与物价水平CPI、GDP、贸易余额、GDP平减指数以及工业增加值的增长率的双变量和多变量Granger Causality检验结果，能源价格对主要宏观变量的因果关系在统计上是显著的。特别是多变量Granger Causality检验结果显示，能源价格对主要宏观变量的因果影响是比较显著的。

表3-5　4阶SVAR模型双变量的格兰杰因果关系（Granger Causality）检验

Null Hypothesis：	Obs	F-Statistic	Prob.	Granger因果关系结论
DPE does not Granger Cause DCPI	81	2.16249	0.0221	是
DCPI does not Granger Cause DPE	81	1.12715	0.3293	否
DPE does not Granger Cause DGDP	81	21.3284	4.E-08	是
DGDP does not Granger Cause DPE	81	4.46855	0.146	否
DTRADE does not Granger Cause DPE	81	0.80359	0.4515	否
DPE does not Granger Cause DTRADE	81	25.3773	4.E-09	是
GDPINDEX does not Granger Cause DPE	81	0.03043	0.9700	否
DPE does not Granger Cause GDPINDEX	81	0.52413	0.5942	否
INDRATE does not Granger Cause DPE	81	0.01674	0.9834	否
DPE does not Granger Cause INDRATE	81	0.68892	0.0052	是

注：各变量真实含义参考3.4节，此处不再详细说明。

表3-6　4阶SVAR模型全部方程格兰杰因果关系（Granger Causality）检验

Dependent variable：DCPI			Granger因果关系	Dependent variable：DPE			Granger因果关系
Excluded	Chi-sq	Prob.		Excluded	Chi-sq	Prob.	
DGDP	5.077464	0.0028	是	DCPI	1.485733	0.8292	否
DPE	10.48628	0.0017	是	DGDP	13.34820	0.0097	是
DTRADE	11.95746	0.0014	是	DTRADE	16.85795	0.0021	是
GDPINDEX	10.08138	0.0013	是	GDPINDEX	0.226059	0.9941	否
INDRATE	16.68023	0.0019	是	INDRATE	1.080496	0.8974	否
All	49.74640	0.0158		All	39.48482	0.0158	

续表

Dependent variable: DCPI			Granger 因果关系	Dependent variable: DPE			Granger 因果关系
Excluded	Chi-sq	Prob.		Excluded	Chi-sq	Prob.	
DCPI	2.532144	0.2568	否	DCPI	7.874037	0.0963	是
DPE	45.52729	0.0001	是	DGDP	6.011547	0.1983	否
DTRADE	83.67920	0.0001	是	DPE	12.22791	0.0157	是
GDPINDEX	2.503875	0.2630	否	DTRADE	9.997913	0.0405	是
INDRATE	3.103643	0.3210	否	GDPINDEX	8.598541	0.0720	是
All	264.3337	0.0158		All	42.09754	0.0027	

注：各变量真实含义参考3.4节，此处不再详细说明。

因此，根据模型的稳健性检验以及模型的Granger Causality检验结果，我们可以建立包括6个变量的SVAR模型，分析能源价格冲击对我国整体经济的影响，并刻画能源价格冲击的时间路径特征。为了统一标识实证分析变量，特做以下规定：CPI表示物价水平，GDP表示总产出，TRADE表示净出口总额，GDPINDEX表示GDP平减指数，INDRATE表示工业增加值的增长率，PE表示能源价格指数，DPE表示能源价格指数的一阶差分，其余变量以此类推。另外，软件显示L.PE表示能源价格指数的滞后1期，L2.PE表示能源价格指数的滞后2期，其余变量以此类推。下面不再详细说明各个变量指标的含义，仅使用英文代码处理。

3.5 模型估计结果分析

根据前面确定的能源冲击的不同阶段，我们一共估计了3个样本期的SAVR模型：1992年第一季度至2012年第四季度；1992年第一季度至2007年第四季度；2008年第一季度至2012年第四季度，充分考虑到了能源价格冲击前后模型参数的稳定性变化。从前面两个模型的回归结果来看，模型在2008年前表现出了较好的稳健性，模型的参数一致性程度较高，除了 GDP 平减指数的估计效果不太理想之外，我们可以看到其他变量在 10%的显著性水平上是高度显著的。2008 年之后模型的估计结果并不是太理想，可能主要与数据时间序列太短有关系。主要的估计结果我们放在本章附录中，对模型的分析将在下面进行。从回归分析来看，模型估计结果如下：能源价格各个滞后期对于 GDP、CPI 和工业增加值增长率的影响是显著的。

3.5.1 能源价格冲击对物价水平的影响

对于物价水平，也就是通货膨胀，能源价格存在着较明显的滞后效应，能源价格影响物价水平是长期存在的，物价水平对于当期能源价格的弹性大约是 0.9%，对于前 1 期能源价格的弹性大约是-2.8%，依此类推，前期能源价格对当期物价水平的影响渐渐减弱，前 n 期能源价格越高，本期的物价水平可能越低，说明消费者或者厂商对价格变化进行了预期调整，前期能源价高可能减弱当期的能源需求，从而降低了能源价格。

3.5.2 能源价格对 GDP 的影响

一般来讲，能源价格高，可能影响经济中的产出，从而降低本期的产量。从数据分析来看，滞后 1 期的能源价格系数为正，而滞后 2 期、滞后 3 期的能源价格却对经济有收缩作用。其他变量的经济分析大致与前两个变量的分析相同。值得说明的是，我们看到 GDP 平减指数在所有的样本期间都没有得到较好的模拟，这可能与我们模型的弱多重共线性问题相关，一般来讲，模型都存在一定程度的多重共线性问题，但是如果去掉这个变量，那么会影响其他模型系数的估计，由于我们不关心 GDP 平减指数，我们将这个变量放在模型中，并不能影响我们的结论。

根据本章设定的 AB 模型，我们可以估计得到 6 个变量 dcpi、dgdp、dpe、dtrade、gdpindex、indrate 的同期相关关系，可以看到物价水平、GDP 和贸易余额与能源价格的关系非常密切，在 1%的统计水平上显著。从表 3-8 中可以看到能源价格在当期宏观变量之间的相互影响关系，同时也可以观察到模型其他变量同期冲击之间的关系。

表 3-7　不同时期能源价格波动对主要宏观变量的分析

变量	dcpi	dgdp	dpe	dtrade	gdpindex	indrate
1992 年第一季度至 2012 年第四季度							
L1. dpe	0.00944**	158.2***	0.526***	67717***	-0.00881	-0.0256
L2. dpe	-0.0285**	-241.3***	-0.466**	-72922***	-0.0759	-0.0958**
L3. dpe	-0.0838**	-44.72	-0.00253	-19655	-0.0556	0.0406
L4. dpe	-0.05	-52.16	-1.149***	-42849**	0.0247	-0.172***
1992 年第一季度至 2007 年第四季度						
L1. dpe	0.000475**	-6.525	0.427**	11681	-0.0635	0.0407
L2. dpe	-0.118**	-62.59*	0.0738	-5893	-0.0243	-0.188**
L3. dpe	-0.103*	-32.09	-0.0508	-12845	0.0847	0.111
L4. dpe	0.00192	72.36**	-0.339*	11595	-0.0500	-0.0471
2008 年第一季度至 2012 年第四季度						
L1. dpe	-0.0338	-104.7	1.307	437367	-0.451	0.286
L2. dpe	-0.246	-559.4	-0.748	344750	-0.565	0.114
L3. dpe	-0.167	-118.0	0.498	78534	-0.0546	-0.0283
L4. dpe	-0.0361	-69.93	-0.938	-122504	0.157	-0.172

注：各变量真实含义参考 3.4 节，此处不再详细说明。

表 3-8　当期能源价格波动对主要宏观变量的 AB 模型分析

dcpi	a_{11}	a_{21}	a_{31}	a_{41}	a_{51}	a_{61}
Constant	1	1.020***	1.028***	0.815***	-0.231	-0.141
dgdp	a_{12}	a_{22}	a_{32}	a_{42}	a_{52}	a_{62}
Constant		1	1.088***	0.870***	-0.245	-0.150
dpe	a_{13}	a_{23}	a_{33}	a_{43}	a_{53}	a_{63}
Constant			1	1.045***	-0.258	-0.158

续表

dtrade	a_{14}	a_{24}	a_{34}	a_{44}	a_{54}	a_{64}
Constant				1	−1.59e−05	0.00478
gdpindex	a_{15}	a_{25}	a_{35}	a_{45}	a_{55}	a_{65}
Constant					1	0.926***
indrate	a_{16}	a_{26}	a_{36}	a_{46}	a_{56}	a_{66}
Constant						1

注：各变量真实含义参考3.4节，此处不再详细说明。

3.5.3　方差分析和脉冲响应分析的主要结果

为了分析能源价格波动对我国主要宏观变量的冲击效果，我们采用传统的方差分解和脉冲响应的方法。

第一，能源价格波动对我国通货膨胀的影响表现出比较稳定的特征。从数据分析来看，能源价格波动对经济整体物价水平的影响主要表现在前2期之内，平均占到80%，在第2期之后能源价格冲击在物价波动中占比为3%~6%，并保持相对稳定。

第二，能源价格波动对产出的影响表现出不同的特征。能源价格对我国GDP的冲击一直保持在30%左右，这种比例关系并没有随时间推移改变多少。从其他主要宏观经济变量对能源价格冲击的反应来看，都表现出短期内能源冲击会影响工业增加值、贸易余额，但是长期内这种影响慢慢减弱现象。工业增加值的增长率在长期来看也表现出对能源的依赖，进一步说明能源在经济中具有非常持久的影响力。

整体价格水平之所以表现出这种特征：一方面是因为整体价格受到能源冲击后会变得比较平稳，这可能与我们国家的能源政策有关，国家对能源价格进行了调控，即在国际能源价格较高的时候不提高价格，在国际能源价格较低的时候提高价格，从而保证我国能源消费的平滑性；另一方面能源使用具有路径依赖特征。能源与GDP的关系说明，能源一旦成为重要的生产资料，就会保持在生产过程中的连续性，并不会随着时间推移消失，能源对产出的效应在时间上是非常持久的。

第三，脉冲响应分析了能源价格波动对主要宏观经济变量的影响。我们采用与方差分解不一样的方法。为了单独分析能源价格波动对经济中主要宏观变量的影响，将能源价格波动限定为一个标准差的冲击，同时认为其他主要宏观经济变量的外生冲击为0。从脉冲响应分析来看，物价提高对能源价格的冲击在短期内提高了通货膨胀率，但是在中期却降低了物价水平，长期内物价水平又恢复到较高的水平；从产出来看，能源冲击在短期内推高了产出水平，长期来看能源价格冲击导致产出水平下降。

能源冲击表现出较独有的特征，可能与我国价格结构有较强的关系，我国居民消费结构可能对能源价格变化反应较为敏感，当能源价格上升的时候，居民将降低能源使用，从而导致了整体物价水平的下滑；同时，当能源价格高企的时候，工业企业可能面临着强劲需求，从而扩大生产，或者被"货币幻觉"效应所影响，最终会拉高短期产出水平，表现出"通货膨胀经济"的显著特征。

表3-9 能源冲击对我国宏观经济的方差分解

\multicolumn{4}{c	}{物价水平方差分解}	\multicolumn{4}{c}{产出水平方差分解}
Period	S. E.	DCPI	DPE	Period	S. E.	DCPI	DPE
1	1.070343	100.0000	0.000000	1	1450.221	8.322547	0.000000
2	1.237230	83.31645	0.875626	2	2268.509	6.400285	42.48853
3	1.431705	72.23206	0.974370	3	2301.216	7.776990	41.36432
4	1.541164	67.74042	3.624927	4	2708.414	5.835989	32.94039
5	1.718045	54.91723	6.025888	5	3046.297	5.938162	27.26936
6	1.786063	50.81573	6.916768	6	3505.292	5.155171	23.06524
7	1.815867	49.67248	6.775189	7	3589.140	5.007789	22.35047

续表

物价水平方差分解				产出水平方差分解			
Period	S. E.	DCPI	DPE	Period	S. E.	DCPI	DPE
8	1.823419	49.90282	6.729914	8	3684.388	4.797486	22.32426
9	1.838445	49.12710	6.750020	9	3911.508	5.498318	20.18844
10	1.870474	47.72883	6.620624	10	4062.775	5.536123	18.71311

注：各变量真实含义参考3.4节，此处不再详细说明。

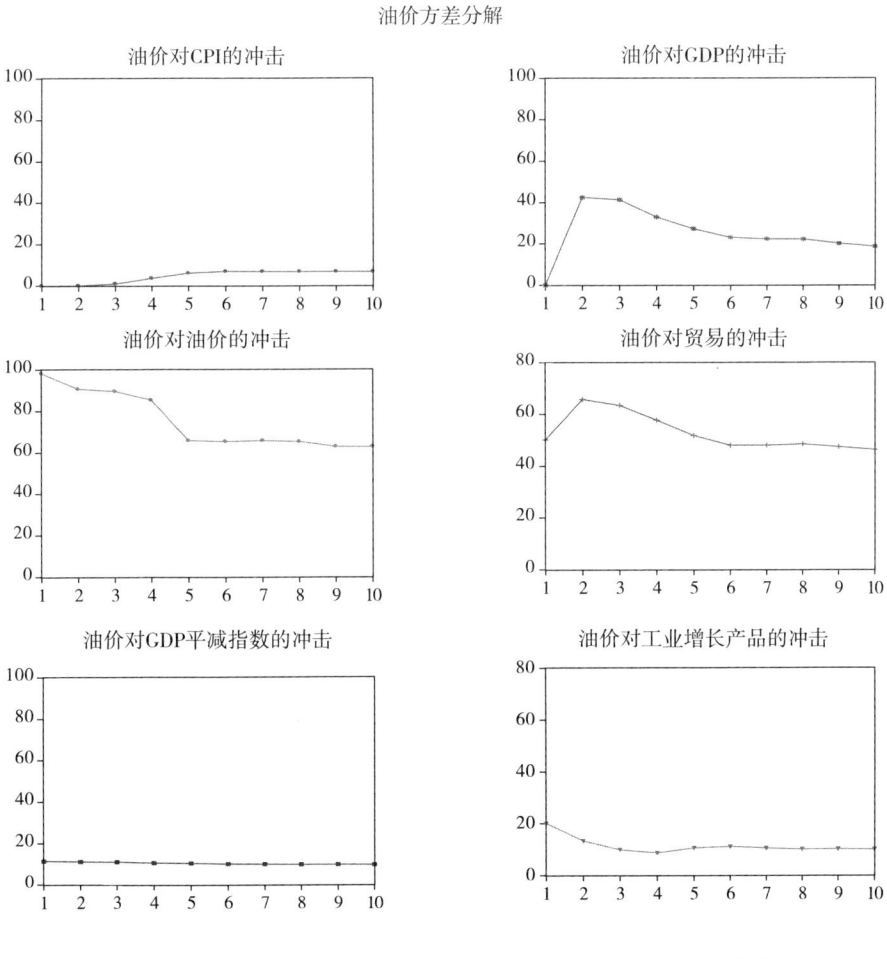

图 3-29　能源冲击对我国宏观经济的方差分解（物价水平和产出水平）

资料来源：统计年鉴。

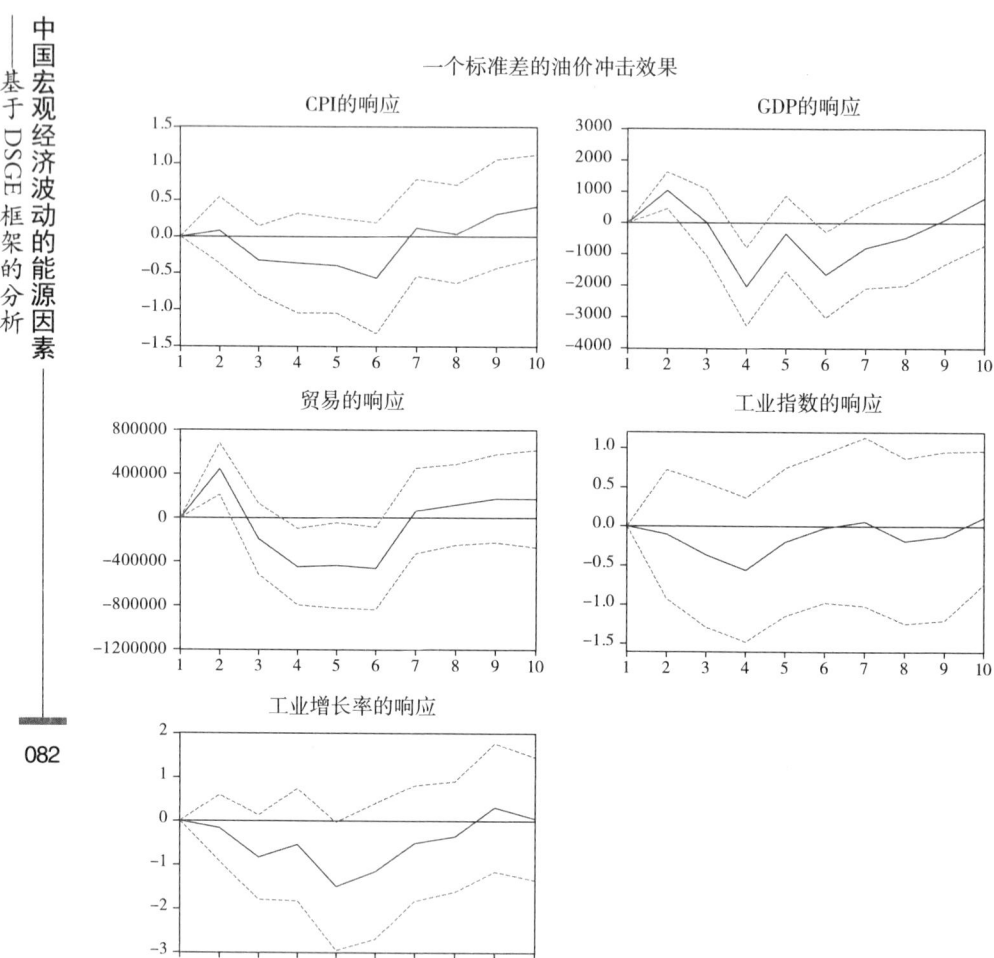

图 3-30 能源冲击对我国宏观经济的脉冲响应分析（物价水平和产出水平）
资料来源：统计年鉴。

3.6 本章小结

本章利用我国宏观经济数据以及 BP 能源统计数据，分析了中国宏观经济波动的典型事实，刻画了能源价格波动与我国主要宏观经济变量的联系，同时构建了一个包含 6 变量的 SVAR 模型来分析能源价格冲击与我国宏观经济变量的动态关系，估计了能源冲击对主要宏观经济变量的影响程度。

主要结论如下：

其一，从主要宏观经济变量的波动幅度来看，我国产出的年均波动幅度大约为0.8%，这个波动幅度相比于其他国家相对较低。劳动生产率、TFP增长率以及净外资流入的增长率波动最大，年均波动幅度达到10%，反映了我国制度改革带来的全要素生产率的显著提高。两种口径的货币存量M1、M2均是顺周期变量，而且货币存量的周期波动与产出的滞后关系相当明显。劳动力和失业率表征经济波动的能力较差，这可能与统计数据的准确性有很大关系。

其二，中国宏观经济的高速发展，对能源的需求和消费量不断增大，而且对外部能源的依赖不断增强，国际能源价格的变化对我国经济的产出、投资、消费、就业、物价产生了广泛而深刻的影响。

其三，能源价格波动对我国通货膨胀的影响相对其他经济变量来说，表现出比较稳定的特征。从数据分析来看，能源价格波动对整体经济物价水平的影响主要表现在前2期之内，平均占到80%，在第2期之后能源价格冲击在物价波动中占比为3%～6%，并保持相对稳定。能源价格波动对产出的影响表现出不同的特征。能源价格对我国GDP的冲击一直保持在30%左右，这种比例关系并没有随时间推移改变太多。

因此，能源因素在我国整体宏观经济中对物价和产出的影响特征相当明显：一方面，能源变化对物价波动的影响比较平稳，这可能与我们国家的能源政策有关系，国家对能源价格进行了调控，即在国际能源价格较高的时候不提高价格，在国际能源价格较低的时候提高价格，从而保证我国能源消费价格的平滑性；另一方面，能源使用具有路径依赖的特征。能源与我国GDP的关系说明，能源一旦成为重要的生产资料，就会保持在生产过程中的连续性，并不会随着时间推移消失，能源对产出的效应在时间上的影响非常持久。

本章附录

我们采用了英国经济学人数据库（EIU）中国宏观年度数据统计数据库，涉及的主要宏观变量包括实际GDP、消费、进出口总量、国内需求、工业生产总值、劳动生产率、主要货币存量、外贸条件等。

所有使用的统计数据采用美元为计价单位，并根据同一个统计口径进行了调整，表3-10中给出了这些相关变量的主要统计信息：平均值、标准差、最小值、最大值以及中位数。

表3-10　1986~2009年我国主要宏观经济变量的数据统计

变量	含义	均值	标准差	最小值	中位数	最大值
rgdp	gdp	7937	6312	1460	6011	23438
rcpr	私人消费	3265	2170	734	2687	8381
rgce	政府消费	1112	848.8	213.1	848.5	3058
rfin	投资	2844	2703	352.3	1983	10318
rexp	出口总量	3108	3347	779	1184	11802
rimp	进口总量	2684	2776	720.7	1214	9772
rdmd	国内总需求	7479	5779	1379	5912	22220
gdfi	gdp平减指数	66.10	30.63	25.40	75.90	115.5
rind	工业总产值	3743	3355	519.6	2693	12050
rser	服务业总值	2677	2245	377.6	1920	8321
lbpg	劳动生产率	8.180	3.090	1	8.300	13.30
fapg	TFP增长率	5.130	2	2.250	4.900	9.800
grcs	资本存量增长率	11.75	1.980	7.400	12.20	14.90
grpo	潜在产出增长率	9.880	2.970	3.800	9.900	14.90
petp	原油生产量	2984	534.8	2030	2960	3901

续表

变量	含义	均值	标准差	最小值	中位数	最大值
petr	原油储备	15698	1132	13241	15559	17400
xrre	有效汇率	129.6	59.02	75.87	102.7	289.2
sodc	国内信贷总量	10701	13125	148.3	4821	49458
sodd	国内信贷增长率	20.73	7.550	8.790	20.17	45.93
dmn1	M1	20.04	7.820	6.320	18.60	40.05
dmn2	M2	22.34	6.680	12.07	20.16	37.84
ccpi	CPI	67.24	33.96	13.07	79.56	113
cawi	平均名义工资指数	45.35	48.79	4.420	27.34	175.3
dawa	名义工资增长率	13.49	7.250	2.960	13.58	34.62
unem	失业率	4.080	1.200	2.300	3.900	6.300
invf	外资净流入	28.97	30.26	0.390	32.82	121.4
efir	有效利率	5.930	2.730	2.300	5.410	11.51

表 3-11　1992~2012 年我国主要宏观经济变量的数据统计表（季度数据）

变量	GDP	GDP平减指数	消费	CPI	投资	能源价格指数	工业增加值增长率	净出口总额
\multicolumn{9}{c}{1992~2012 年}
Mean	104258.4	110.46	5511.86	104.82	36916.27	44.64	13.95	10455832
Median	69773.19	110.11	3390.70	102.77	12639.20	27.39	14.18	5215298
Maximum	310724.4	115.13	18154.32	126.69	173223.9	119.23	22.86	33134414
Minimum	13102.87	106.24	765.11	97.88	1098.851	11.06	6.48	1261000
Std. Dev.	82695.36	2.04	4707.21	6.56	46075.50	33.08	3.64	9815804
Skewness	1.011849	0.39	1.19	1.72	1.518732	0.97	0.08	0.947064
Kurtosis	2.857979	2.53	3.29	5.46	4.228611	2.59	2.52	2.581443
JB	14.40434	2.90	20.20	62.99	37.57486	13.78	0.89	13.17019

续表

变量	GDP	GDP平减指数	消费	CPI	投资	能源价格指数	工业增加值增长率	净出口总额
1992~2012 年									
Pr	0.000745	0.23	0.00	0.00	0.000000	0.00	0.63	0.001381
Ob	84	84	84	84	84	84	84	84
1992~2000 年									
Mean	37566.03	110.214	1893.978	107.9368	5088.79	18.67564	13.74249	2455372
Median	40606.64	110.045	2046.244	105.8892	5271.28	18.12338	12.51587	2408478
Maximum	59238.75	114.744	2944.585	126.6938	9112.5	30.24484	22.85627	4075307
Minimum	13102.87	106.25	765.1081	97.88364	1098.85	11.06192	7.120079	1261000
Std. Dev.	14264.66	1.93767	694.8352	8.781068	2355.45	4.587895	4.378742	752962
Skewness	−0.27887	0.30283	−0.26211	0.697291	−0.0263	0.868226	0.483031	0.443132
Kurtosis	1.763444	2.64383	1.711485	2.273424	1.91842	3.535522	2.281368	2.785455
JB	2.760223	0.74051	2.902614	3.709161	1.75887	4.953076	2.174559	1.247239
Pr	0.251551	0.69056	0.234264	0.156519	0.41502	0.084034	0.337132	0.536001
Ob	36	36	36	36	36	36	36	36
2001~2007 年									
Mean	97647.8	110.99	4879.421	101.8662	26280.3	44.0987	14.9678	10085925
Median	92081.05	111.204	4691.918	101.4001	24504.3	37.17779	15.76472	9539575
Maximum	160283.2	114.956	7924.086	106.502	53107.7	92.24243	18.24103	19569644
Minimum	61376.33	106.439	3035.37	98.979	9398.61	19.84267	8.627629	4250592
Std. Dev.	29892.34	2.26262	1522.129	1.989855	13893.2	19.55777	2.814126	4839669
Skewness	0.610261	−0.0545	0.483584	0.756734	0.44336	0.56978	−1.01097	0.390913
Kurtosis	2.220786	2.17387	1.96073	3.048398	1.93717	2.275506	2.866999	1.926057
JB	2.446322	0.81008	2.351412	2.675085	2.2352	2.127402	4.79027	2.058706
Pr	0.294298	0.66695	0.308601	0.26249	0.32706	0.345176	0.09116	0.357238
Ob	28	28	28	28	28	28	28	28

续表

变量	GDP	GDP平减指数	消费	CPI	投资	能源价格指数	工业增加值增长率	净出口总额
2008~2012年							
Mean	27038.16	110.549	1380.599	114.0859	3347.94	16.73427	17.96067	1941809
Median	26814.14	110.714	1329.721	112.5095	3586.6	16.62118	17.66958	1974836
Maximum	42437.79	114.744	2184.708	126.6938	5438.25	22.85627	23.2164	2544330
Minimum	13102.87	106.25	765.1081	105.4816	1098.85	12.28595	14.41548	1261000
Std. Dev.	9733.829	2.15625	473.1745	7.04498	1402.94	3.427496	2.098976	431749.7
Skewness	0.124266	-0.0757	0.223673	0.408319	-0.143	0.301973	0.537555	-0.175368
Kurtosis	1.628413	2.43345	1.67267	1.804579	1.81081	1.911814	3.183225	1.49132
JB	1.619182	0.28657	1.634936	1.746607	1.24663	1.29075	0.991195	1.999277
Pr	0.44504	0.86651	0.441548	0.41757	0.53617	0.524466	0.609207	0.368012
Ob	20	20	20	20	20	20	20	20

表3-12 4阶SVAR模型的残差序列相关性的LM检验

VAR Residual Serial Correlation LM Tests

Null Hypothesis: no serial correlation at lag order h

Sample: 1992Q1 2012Q4

Included observations: 79

Lags	LM-Stat	Prob
1	45.80935	0.1267
2	44.18947	0.1641
3	29.71866	0.7607
4	41.28379	0.2507
5	47.28584	0.0987
6	44.34215	0.1603
7	54.69826	0.0237

续表

VAR Residual Serial Correlation LM Tests

Null Hypothesis: no serial correlation at lag order h

Sample: 1992Q1 2012Q4

Included observations: 79

Lags	LM-Stat	Prob
8	60.16060	0.0070
9	56.16751	0.0173
10	43.22575	0.1900
11	39.59887	0.3125
12	33.12571	0.6060

注：各变量真实含义参考3.4节，此处不再详细说明。

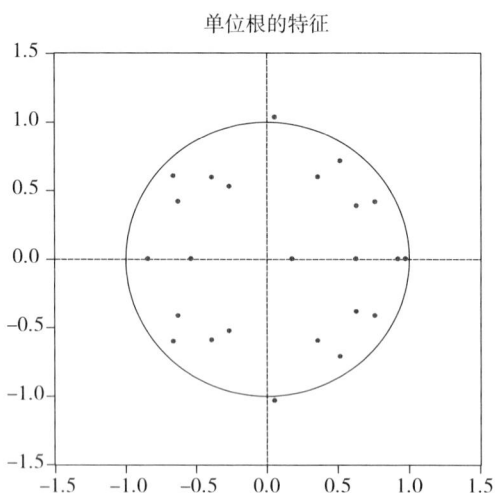

图3-31　4阶SVAR模型的特征根

资料来源：统计年鉴。

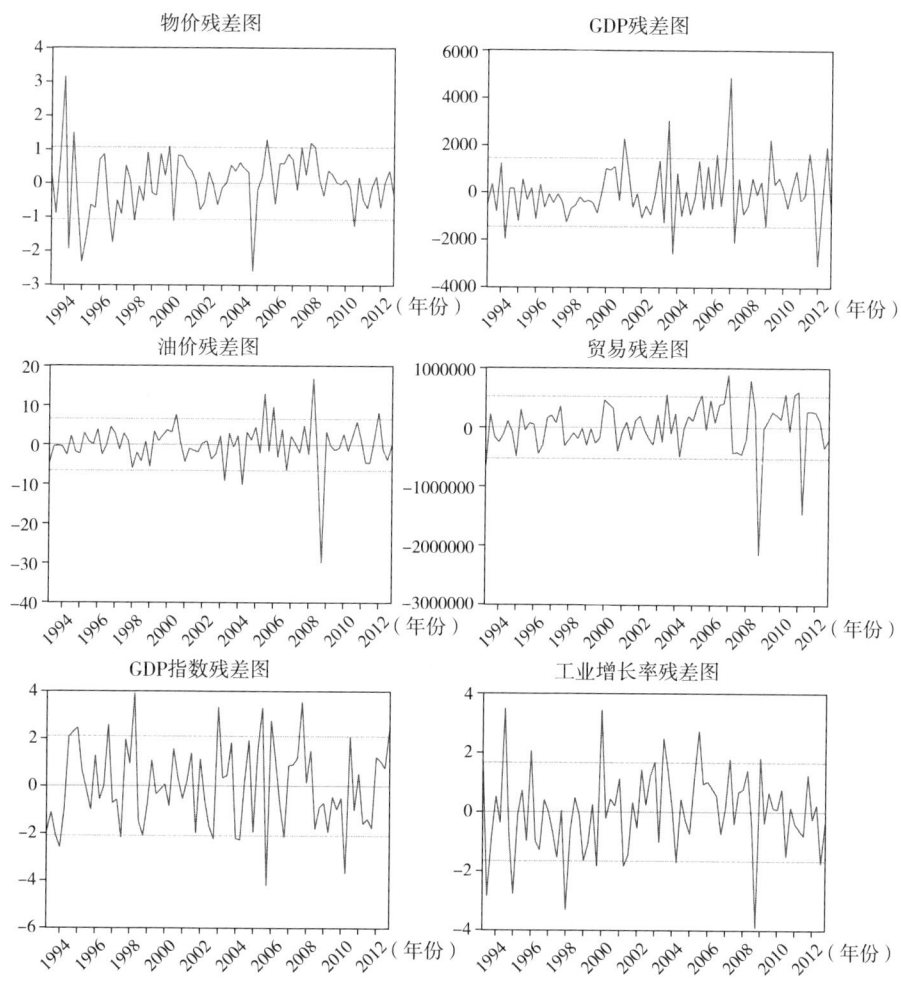

图 3-32 4 阶 SVAR 模型的残差相关图

资料来源：统计年鉴。

表 3-13 4 阶 SVAR 模型全部方程 Granger Causality 检验

VAR Granger Causality/Block Exogeneity Wald Tests

Included observations：79				Sample：1992Q1 2012Q4			
Dependent variable：DCPI				Dependent variable：DTRADE			
Excluded	Chi-sq	df	Prob.	Excluded	Chi-sq	df	Prob.
DGDP	5.077464	4	0.2794	DCPI	2.514231	4	0.6421

续表

VAR Granger Causality/Block Exogeneity Wald Tests

Included observations: 79　　　　　　　　　　　　　　Sample: 1992Q1 2012Q4

Dependent variable: DCPI				Dependent variable: DTRADE			
Excluded	Chi-sq	df	Prob.	Excluded	Chi-sq	df	Prob.
DPE	10.48628	4	0.0330	DGDP	4.985196	4	0.2888
DTRADE	11.95746	4	0.0177	DPE	47.35128	4	0.0000
GDPINDEX	10.08138	4	0.0391	GDPINDEX	3.113002	4	0.5391
INDRATE	16.68023	4	0.0022	INDRATE_SA	2.501934	4	0.6443
All	49.74640	20	0.0002	All	89.97568	20	0.0000

Dependent variable: DGDP				Dependent variable: GDPINDEX			
Excluded	Chi-sq	df	Prob.	Excluded	Chi-sq	df	Prob.
DCPI	2.532144	4	0.6389	DCPI	0.900875	4	0.9244
DPE	45.52729	4	0.0000	DGDP	2.848611	4	0.5835
DTRADE	83.67920	4	0.0000	DPE	1.664229	4	0.7972
GDPINDEX	2.503875	4	0.6439	DTRADE	1.248977	4	0.8700
INDRATE_SA	3.103643	4	0.5406	INDRATE_SA	4.424444	4	0.3516
All	264.3337	20	0.0000	All	11.94806	20	0.9179

Dependent variable: DPE				Dependent variable: INDRATE			
Excluded	Chi-sq	df	Prob.	Excluded	Chi-sq	df	Prob.
DCPI	1.485733	4	0.8292	DCPI	7.874037	4	0.0963
DGDP	13.34820	4	0.0097	DGDP	6.011547	4	0.1983
DTRADE	16.85795	4	0.0021	DPE	12.22791	4	0.0157
GDPINDEX	0.226059	4	0.9941	DTRADE	9.997913	4	0.0405
INDRATE_SA	1.080496	4	0.8974	GDPINDEX	8.598541	4	0.0720
All	39.48482	20	0.0058	All	42.09754	20	0.0027

注：各变量真实含义参考3.4节，此处不再详细说明。

表3-14　1992年第一季度至2012年第四季度全样本SVAR模型的估计结果

变量	dcpi	dgdp	dpe	dtrade	gdpindex	indrate_sa
L1.dcpi	0.0736	137.1	0.636	75398	0.0946	-0.366**
	(0.111)	(147.6)	(0.673)	(53444)	(0.220)	(0.169)
L2.dcpi	0.636***	-48.78	-0.418	-53525	-0.0911	0.459***
	(0.110)	(146.0)	(0.666)	(52873)	(0.217)	(0.167)
L3.dcpi	-0.0809	159.3	-0.804	-77397	-0.207	0.0539
	(0.114)	(151.4)	(0.690)	(54800)	(0.225)	(0.174)
L4.dcpi	-0.423***	-122.9	0.650	46881	0.100	-0.343**
	(0.102)	(134.7)	(0.614)	(48771)	(0.201)	(0.154)
L1.dgdp	1.02e-05	0.271***	0.000856**	54.68**	0.000168	0.000142*
	(5.43e-05)	(0.0719)	(0.000328)	(26.04)	(0.0007)	(8.25e-05)
L2.dgdp	-0.00014**	-0.321***	-0.00099**	-36.32	-3.60e-05	-0.000139
	(6.20e-05)	(0.0822)	(0.000375)	(29.76)	(0.00012)	(9.42e-05)
L3.dgdp	4.03e-05	0.0453	0.000768**	42.60	-0.00013	2.79e-05
	(5.77e-05)	(0.0765)	(0.000349)	(27.70)	(0.00011)	(8.77e-05)
L4.dgdp	-2.03e-05	0.832***	-0.00083**	-12.46	3.13e-05	-0.000160*
	(5.76e-05)	(0.0763)	(0.000348)	(27.61)	(0.00011)	(8.74e-05)
L1.dpe	0.00944**	158.2***	0.526***	67717***	-0.00881	-0.0256**
	(0.0255)	(33.72)	(0.154)	(12209)	(0.0502)	(0.0387)
L2.dpe	-0.0285**	-241.3***	-0.466**	-72922***	-0.0759	-0.0958**
	(0.0294)	(38.93)	(0.177)	(14095)	(0.0580)	(0.0446)
L3.dpe	-0.0838**	-44.72	-0.00253	-19655	-0.0556	0.0406
	(0.0352)	(46.58)	(0.212)	(16865)	(0.0694)	(0.0534)
L4.dpe	-0.0500	-52.16	-1.149***	-42849**	0.0247	-0.172***
	(0.0342)	(45.29)	(0.206)	(16396)	(0.0674)	(0.0519)
L1.dtrade	-3.38e-07	0.00163***	-4.42e-06**	-0.0290	-6.56e-08	-1.35e-07
	(3.34e-07)	(0.000442)	(2.01e-06)	(0.160)	(6.58e-0)	(5.07e-07)

续表

变量	dcpi	dgdp	dpe	dtrade	gdpindex	indrate_sa
L2.dtrade	1.14e-06***	0.000135	1.62e-06	0.344**	1.24e-07	6.53e-07
	(3.29e-07)	(0.000437)	(1.99e-06)	(0.158)	(6.50e-0)	(5.00e-07)
L3.dtrade	3.27e-07	0.00312***	2.81e-06	0.263	7.82e-07	-4.30e-07
	(3.56e-07)	(0.000471)	(2.15e-06)	(0.171)	(7.01e-0)	(5.40e-07)
L4.dtrade	3.71e-07	-0.0030***	7.91e-06***	0.0986	-4.62e-07	1.59e-0***
	(3.06e-07)	(0.000406)	(1.85e-06)	(0.147)	(6.04e-0)	(4.65e-07)
L1.gdpindex	-0.185***	-93.12	0.0268	-15360	0.0972	-0.264***
	(0.0624)	(82.69)	(0.377)	(29935)	(0.123)	(0.0948)
L2.gdpindex	-0.0499	124.3	0.206	53303*	0.135	0.149
	(0.0640)	(84.76)	(0.386)	(30686)	(0.126)	(0.0972)
L3.gdpindex	-0.102	14.98	-0.0499	-31972	0.174	-0.140
	(0.0660)	(87.40)	(0.398)	(31640)	(0.130)	(0.100)
L4.gdpindex	-0.107	58.18	-0.0821	-15773	-0.0275	-0.00657
	(0.0663)	(87.84)	(0.400)	(31801)	(0.131)	(0.101)
L1.indrate_sa	0.321***	-134.9	0.0580	-4291	-0.0720	1.182***
	(0.0819)	(108.5)	(0.494)	(39275)	(0.162)	(0.124)
L2.indrate_sa	-0.524***	238.7	0.258	57871	0.176	-0.302*
	(0.119)	(157.0)	(0.715)	(56842)	(0.234)	(0.180)
L3.indrate_sa	0.271**	-252.6	0.138	-3695	0.206	-0.248
	(0.126)	(167.1)	(0.762)	(60511)	(0.249)	(0.192)
L4.indrate_sa	0.0470	184.1	-0.514	-48924	-0.176	0.324**
	(0.0881)	(116.7)	(0.532)	(42264)	(0.174)	(0.134)
Constant	47.37***	-11697	-10.14	1.119e+06	66.60**	29.50
	(12.85)	(17021)	(77.56)	(6.162e+06)	(25.35)	(19.51)
Observations	80	80	80	80	80	80

注：本表为1992年第一季度至2012年第四季度全样本SVAR模型的估计结果。模型根据滞后阶数的选择标准，采用4阶滞后、带常数项的模型设定，括号中是参数系数的标准差，其中***为 p<0.01，** 为 p<0.05，* 为 p<0.1，分别表示具有1%、5%、10%的显著性水平。我们可以看到除了解释 gdpindex 的滞后变量不太显著之外，其他回归方程的系数大多数非常显著。各变量真实含义参考3.4节，此处不再详细说明。

表 3-15　1992 年第一季度至 2007 年第四季度全样本 SVAR 模型的估计结果

变量	\multicolumn{6}{c}{VAR（1992 年第一季度至 2007 年第四季度）}
	dcpi	dgdp	dpe	dtrade	gdpindex	indrate_sa
L1. dcpi	−0.0282	205.4***	−0.133	27266	0.0210	−0.578***
	(0.120)	(70.55)	(0.355)	(19229)	(0.209)	(0.175)
L2. dcpi	0.526***	133.7*	0.112	10178	0.0240	0.547***
	(0.125)	(73.43)	(0.370)	(20013)	(0.217)	(0.183)
L3. dcpi	−0.185	−160.1**	0.342	−8560	0.00628	0.100
	(0.131)	(77.00)	(0.388)	(20987)	(0.228)	(0.192)
L4. dcpi	−0.406***	88.17	−0.113	−2539	0.0314	−0.450**
	(0.116)	(67.88)	(0.342)	(18502)	(0.201)	(0.169)
L1. dgdp	3.56e−05	0.106	−0.000149	−0.604	−0.000300	0.000129
	(0.000172)	(0.101)	(0.000508)	(27.51)	(0.000299)	(0.000251)
L2. dgdp	4.37e−05	−0.112	0.000761	−21.55	0.000393	−5.10e−05
	(0.000159)	(0.0933)	(0.000470)	(25.42)	(0.000276)	(0.000232)
L3. dgdp	−5.72e−05	0.311***	0.000745	80.33***	0.000152	6.76e−05
	(0.000153)	(0.0900)	(0.000453)	(24.53)	(0.000266)	(0.000224)
L4. dgdp	−0.000209	0.660***	0.000323	−39.67	0.000908**	−0.000255
	(0.000203)	(0.119)	(0.000599)	(32.45)	(0.000352)	(0.000296)
L1. dpe	0.000475	−6.525	0.427**	11681	−0.0635	0.0407
	(0.0532)	(31.20)	(0.157)	(8504)	(0.0923)	(0.0776)
L2. dpe	−0.118**	−62.59*	0.0738	−5893	−0.0243	−0.188**
	(0.0568)	(33.33)	(0.168)	(9086)	(0.0987)	(0.0829)
L3. dpe	−0.103*	−32.09	−0.0508	−12845	0.0847	0.111
	(0.0587)	(34.46)	(0.173)	(9392)	(0.102)	(0.0857)
L4. dpe	0.00192	72.36**	−0.339*	11595	−0.0500	−0.0471
	(0.0566)	(33.23)	(0.167)	(9057)	(0.0983)	(0.0826)
L1. dtrade	1.44e−06*	0.00184***	−2.64e−06	0.213	−2.95e−06**	7.31e−07
	(8.12e−07)	(0.000477)	(2.40e−06)	(0.130)	(1.41e−06)	(1.19e−06)
L2. dtrade	1.42e−06	0.00199***	1.14e−06	0.467***	9.51e−07	1.68e−06
	(8.82e−07)	(0.000518)	(2.61e−06)	(0.141)	(1.53e−06)	(1.29e−06)

续表

VAR（1992年第一季度至2007年第四季度）

变量	dcpi	dgdp	dpe	dtrade	gdpindex	indrate_sa
L3. dtrade	−1.12e−06	−0.00191***	5.57e−06*	0.130	3.96e−06**	−1.88e−07
	(1.00e−06)	(0.000589)	(2.96e−06)	(0.161)	(1.74e−06)	(1.46e−06)
L4. dtrade	1.36e−06	1.60e−05	−5.78e−06*	0.0801	−4.78e−06***	5.82e−07
	(9.86e−07)	(0.000579)	(2.91e−06)	(0.158)	(1.71e−06)	(1.44e−06)
L1. gdpindex	−0.319***	−61.63	−0.288	−14383	0.137	−0.437***
	(0.0744)	(43.65)	(0.220)	(11898)	(0.129)	(0.109)
L2. gdpindex	−0.106	32.84	−0.246	20652	−0.0566	0.161
	(0.0811)	(47.62)	(0.240)	(12980)	(0.141)	(0.118)
L3. gdpindex	−0.227***	87.25*	0.268	11229	0.151	−0.284**
	(0.0822)	(48.24)	(0.243)	(13147)	(0.143)	(0.120)
L4. gdpindex	−0.239**	57.45	0.149	5671	0.106	−0.0628
	(0.0883)	(51.86)	(0.261)	(14135)	(0.153)	(0.129)
L1. indrate_sa	0.295***	−98.27*	−0.216	−3660	−0.0759	1.137***
	(0.0889)	(52.19)	(0.263)	(14224)	(0.154)	(0.130)
L2. indrate_sa	−0.509***	−13.15	0.400	14023	0.165	−0.322
	(0.139)	(81.82)	(0.412)	(22302)	(0.242)	(0.204)
L3. indrate_sa	0.286*	149.9	−0.426	−15648	0.104	−0.342
	(0.152)	(89.34)	(0.450)	(24351)	(0.264)	(0.222)
L4. indrate_sa	0.0759	−57.44	0.0919	−2260	−0.163	0.497***
	(0.104)	(61.30)	(0.309)	(16708)	(0.181)	(0.152)
Constant	95.92***	−12608	13.02	−2.436e+06	71.50**	68.65**
	(18.52)	(10871)	(54.73)	(2.963e+06)	(32.17)	(27.04)
Observations	60	60	60	60	60	60

注：本表为1992年第一季度至2007年第四季度全样本SVAR模型的估计结果。模型根据滞后阶数的选择标准，采用4阶滞后、带常数项的模型设定，括号中是参数系数的标准差，其中***为$p<0.01$，**为$p<0.05$，*为$p<0.1$，分别表示具有1%、5%、10%的显著性水平。各变量真实含义参考3.4节，此处不再详细说明。

表3-16　2008年第一季度至2012年第四季度全样本SVAR模型的估计结果

变量	dcpi	dgdp	dpe	dtrade	gdpindex	indrate_sa
\multicolumn{7}{l}{SVAR（2008年第一季度至2012年第四季度）}
L1.dcpi	0.766	−178.2	27.15	2.752e+06	−3.600	3.600
	(0)	(1.35e−10)	(0)	(1.72e−07)	(0)	(0)
L2.dcpi	0	0	0	0	0	0
	(0)	(0)	(0)	(0)	(0)	(0)
L3.dcpi	0	0	0	0	0	0
	(0)	(0)	(0)	(0)	(0)	(0)
L4.dcpi	0	0	0	0	0	0
	(0)	(8.43e−11)	(0)	(1.07e−07)	(0)	(0)
L1.dgdp	0.000416	1.041	0.000719	−1019	0.00215	−0.000515
	(0)	(0)	(0)	(5.51e−11)	(0)	(0)
L2.dgdp	0.000114	−0.123	−0.000812	−557.6	0.000593	−0.000192
	(0)	(0)	(0)	(0)	(0)	(0)
L3.dgdp	0.000684	0.430	0.00710	−164.5	0.000164	0.000650
	(0)	(0)	(0)	(0)	(0)	(0)
L4.dgdp	0.000457	1.786	−0.000167	−1094	0.00153	−0.000719
	(0)	(0)	(0)	(0)	(0)	(0)
L1.dpe	−0.0338	−104.7	1.307	437367	−0.451	0.286
	(0)	(0)	(0)	(1.45e−08)	(0)	(0)
L2.dpe	−0.246	−559.4	−0.748	344750	−0.565	0.114
	(0)	(0)	(0)	(1.56e−08)	(0)	(0)
L3.dpe	−0.167	−118.0	0.498	78534	−0.0546	−0.0283
	(0)	(0)	(0)	(1.26e−08)	(0)	(0)
L4.dpe	−0.0361	−69.93	−0.938	−122504	0.157	−0.172
	(0)	(0)	(0)	(1.28e−08)	(0)	(0)
L1.dtrade	8.20e−07	0.00422	−7.60e−06	−2.638	2.41e−07	−1.85e−06
	(0)	(0)	(0)	(0)	(0)	(0)
L2.dtrade	1.01e−06	−0.000215	1.37e−07	0.578	−1.69e−06	7.21e−07
	(0)	(0)	(0)	(0)	(0)	(0)

续表

变量	\multicolumn{6}{c	}{SVAR（2008年第一季度至2012年第四季度）}
	dcpi	dgdp	dpe	dtrade	gdpindex	indrate_sa
L3. dtrade	−3.72e−07	0.00423	−2.36e−05	−1.171	1.22e−06	−3.05e−06
	(0)	(0)	(0)	(0)	(0)	(0)
L4. dtrade	−2.55e−06	−0.00727	−3.15e−06	4.593	−7.49e−06	2.82e−06
	(0)	(0)	(0)	(0)	(0)	(0)
L1. gdpindex	0.241	427.1	−1.197	−472856	0.202	−0.456
	(0)	(0)	(0)	(2.45e−08)	(0)	(0)
L2. gdpindex	−0.156	63.96	−4.980	−857737	1.776	−0.816
	(0)	(0)	(0)	(5.53e−08)	(0)	(0)
L3. gdpindex	0.128	−114.6	0.298	−201026	−0.590	0.466
	(0)	(0)	(0)	(3.17e−08)	(0)	(0)
L4. gdpindex	0.714	1080	4.799	124979	−1.765	0.712
	(0)	(0)	(0)	(6.00e−08)	(0)	(0)
L1. indrate_sa	−0.354	614.0	−12.30	−2.008e+06	3.802	−1.655
	(0)	(1.07e−10)	(0)	(1.37e−07)	(0)	(0)
L2. indrate_sa	0	0	0	0	0	0
	(0)	(0)	(0)	(0)	(0)	(0)
L3. indrate_sa	0.791	−530.4	11.54	1.193e+06	−0.856	1.809
	(0)	(7.60e−11)	(0)	(9.66e−08)	(0)	(0)
L4. indrate_sa	−0.468	769.8	−3.637	−821329	1.480	−1.266
	(0)	(6.61e−11)	(0)	(8.40e−08)	(0)	(0)
Constant	−112.4	−186721	152.9	1.961e+08	66.84	44.62
	(0)	(0)	(0)	(0)	(0)	(0)
Observations	21	21	21	21	21	21

注：本表为2008年第一季度至2012年第四季度全样本SVAR模型的估计结果。模型根据滞后阶数的选择标准，采用4阶滞后、带常数项的模型设定，括号中是参数系数的标准差，其中***为$p<0.01$，**为$p<0.05$，*为$p<0.1$，分别表示具有1%、5%、10%的显著性水平。各变量真实含义参考3.4节，此处不再详细说明。

表 3-17 SVAR 模型 AB 矩阵的估计结果（共 72 个参数）

Dcpi	a_{11}	a_{21}	a_{31}	a_{41}	a_{51}	a_{61}
Constant	1	1.020***	1.028***	0.815***	-0.231	-0.141
	(0)	(0.110)	(0.158)	(0.194)	(0.214)	(0.216)
Dgdp	a_{12}	a_{22}	a_{32}	a_{42}	a_{52}	a_{62}
Constant	0	1	1.088***	0.870***	-0.245	-0.150
	(0)	(0)	(0.110)	(0.163)	(0.189)	(0.191)
Dpe	a_{13}	a_{23}	a_{33}	a_{43}	a_{53}	a_{63}
Constant	0	0	1	1.045***	-0.258	-0.158
	(0)	(0)	(0)	(0.110)	(0.160)	(0.162)
dtrade	a_{14}	a_{24}	a_{34}	a_{44}	a_{54}	a_{64}
Constant	0	0	0	1	-1.59e-05	0.00478
	(0)	(0)	(0)	(0)	(0.110)	(0.110)
gdpindex	a_{15}	a_{25}	a_{35}	a_{45}	a_{55}	a_{65}
Constant	0	0	0	0	1	0.926***
	(0)	(0)	(0)	(0)	(0)	(0.110)

续表

indrate	a_{16}	a_{26}	a_{36}	a_{46}	a_{56}	a_{66}
Constant	0	0	0	0	0	1
	(0)	(0)	(0)	(0)	(0)	(0)
VARIABLES	b_{11}	b_{21}	b_{31}	b_{41}	b_{51}	b_{61}
Constant	1	0	0	0	0	0
	(0)	(0)	(0)	(0)	(0)	(0)
VARIABLES	b_{12}	b_{22}	b_{32}	b_{42}	b_{52}	b_{62}
Constant	0	1	0	0	0	0
	(0)	(0)	(0)	(0)	(0)	(0)
VARIABLES	b_{13}	b_{23}	b_{33}	b_{43}	b_{53}	b_{63}
Constant	0	0	1	0	0	0
	(0)	(0)	(0)	(0)	(0)	(0)
VARIABLES	b_{14}	b_{24}	b_{34}	b_{44}	b_{54}	b_{64}
Constant	0	0	0	1	0	0
	(0)	(0)	(0)	(0)	(0)	(0)

续表

VARIABLES	b_{15}	b_{25}	b_{35}	b_{45}	b_{55}	b_{65}
Constant	0 (0)	0 (0)	0 (0)	0 (0)	1 (0)	0 (0)
VARIABLES	b_{16}	b_{26}	b_{36}	b_{46}	b_{56}	b_{66}
Constant	0 (0)	0 (0)	0 (0)	0 (0)	0 (0)	1 (0)
Observations	82	82	82	82	82	82

注：本表为SVAR模型AB矩阵的估计结果。模型根据滞后阶数的选择标准，采用4阶滞后、带常数项的模型设定，括号中是参数系数的标准差，其中 *** 为 $p<0.01$，** 为 $p<0.05$，* 为 $p<0.1$，分别表示具有1％、5％、10％的显著性水平。各变量真实含义参考3.4节，此处不再详细说明。

第 4 章
新凯恩斯框架下含能源因素的一般均衡模型

第 3 章分析了我国能源经济现状与我国宏观经济的基本联系。本章将建立一个新凯恩斯主义一般均衡模型（NK-DSGE）的分析框架，来分析能源冲击对我国经济的整体影响。新凯恩斯主义的分析框架，是传统凯恩斯主义分析框架总供给—总需求模型（AD-AS）的拓展，两者都是一般均衡模型。主要区别：其一，新凯恩斯主义框架引入理性选择，属于动态和含理性预期的模型。传统凯恩斯主义采用"Adhoc"建立模型的方式，即总供给方程和总需求方程的设定方式相对随意。而新凯恩斯主义融合了理性预期模型的建模思路，特别是实际商业周期 Kydland 和 Prescott（1982）的建模思路，强调经济主体的理性选择。新凯恩斯主义模型与传统凯恩斯主义模型的区别可以参考第 2 章新凯恩斯主义的文献综述。其二，菲利普斯曲线不一样。传统菲利普斯曲线是根据经验统计分析得出的数量关系，新凯恩斯主义的菲利普斯曲线是通过 Calvo（1983）定价，引入中间产品企业的垄断竞争问题求解得出的。

本章内容如下：第 4.1 节介绍模型的基本经济环境，介绍消费品的主要设定；第 4.2 节介绍家庭基本效用的设定和家庭的最优化问题；第 4.3 节介绍完全竞争的最终产品企业利润最大化问题；第 4.4 节介绍中间产品企业的价格设定和利润最大化问题，本节将能源因素引入模型的主要分析框架，是能源进入一般均衡模型的主要方式；第 4.5 节介绍政府的预算约束和政府消费的冲击过程；第 4.6 节介绍中央银行利率和货币政策的设定，针对我国中央银行的政策实践，对利率规则和货币发行规则都进行设定；第 4.7 节设定了资本运动方程，对经济中总体资本的运动规则进行刻画；

第4.8节给出经济的资源约束,根据模型设定的一般规则,我们讨论外生能源冲击对经济的影响,资源约束给出了封闭经济条件下受到外生能源冲击的影响;第4.9节给出了模型所有的均衡条件,按照一般均衡的基本理论,我们给出了包括家庭、中间产品企业、最终产品企业、政府和中央银行在内的4类主体共存的市场出清条件;第4.10节对本章的主要内容进行了小结。附录中给出了本章模型中优化问题的求解和模型函数形式及相关的说明。

4.1 消费品

假设经济中消费品是具有差异化的中间产品企业生产的,中间产品企业生产的产品经过最终产品企业CES技术打包而成,即 $c_t \equiv \left[\int_0^1 c_t(v)^{1-\frac{1}{\psi}} dv\right]^{\frac{\psi}{1-\psi}}$,其中,$\psi \geq 1$ 表示消费品之间的替代弹性,这种技术被称为CES的复合生产方式。根据常用的替代弹性不变的效用函数 $c_t^{1-\sigma}/(1-\sigma)$ 的性质,$1/\sigma$ 表示商品的替代弹性,同理可知,$\psi \geq 1$ 为一般消费品之间的替代弹性。

4.2 家庭

关于家庭(消费者)的基本模型假设,参考一般DSGE模型的常规设定,并根据本书的研究对象进行适当改变,以满足本书的研究需要。

假设1:家庭是经济分析的基本单位,经济系统中有无穷多个家庭,在区间[0,1]之间连续分布,任何家庭 i 相对于整个经济体来说测度为0,即单个家庭对经济系统不具有决定性影响,保证市场消费者的数量是无穷的,下一节假设产商的数量也是无穷的,从而保证最终产品市场是完全竞争的。单个家庭 i 基本规模是不变的,即经济体中不存在人口增长,在无穷远期,经济中家庭数量恒定不变,即经济总体的家庭规模始终为1。

假设2：在时期t，单个家庭i的总体效用来自于三个方面：复合消费品消费带来的效用为$u_t^i(c_t)$，$u_c \geq 0$；实际货币余额带来的效用为$u_t^i\left(\log\left(\dfrac{M_t}{P_t}\right)\right)$，$u_m \geq 0$；家庭提供劳动带来的负效用为$u_t^i(h_t)$，$u_h \leq 0$。家庭效用函数满足加法可分（additive）、时间分离（time-separate）的对数效用函数①。在第t期，家庭效用函数为$u_t^i\left(c_t, \dfrac{M_t}{P_t}, h_t\right)$。由于家庭寿命是无限期，理性的家庭当期效用和下一期效用的贴现因子为β，$0<\beta<1$，则$t \in (0, +\infty)$，单个家庭的目标函数为：

$$\max E_t \sum_{t=0}^{+\infty} \beta^t \left(u(c_t) + \log\left(\dfrac{M_t}{P_t}\right) - \dfrac{h_t^{1+\eta}}{1+\eta} \right) \quad (4.1)$$

家庭的预算约束为：

$$p_t C_t + B_t + M_t \leq W_t h_t + M_{t-1} + (1+i_{t-1})B_{t-1} + \pi_t - T_t \quad (4.2)$$

在时期t，家庭的收入来源主要有：家庭提供劳动h_t获得劳动收入；家庭在$t-1$期的储蓄数量为B_{t-1}，获得商业银行支付的存款名义利率i_{t-1}；根据货币经济学的基本理论，我们假设货币直接进入家庭的效用函数②，家庭在第t期持有的货币数量为M_{t-1}。在效用函数中引入货币的作用是双重的：一是更符合经济现实中家庭使用货币来购买商品和服务；二是货币引入为我们研究货币政策提供了方便。同时，企业财富的所有者也是家庭，即家庭是企业的等比例股东，获得企业利润为π_t，T_t为政府税收。右边表示家庭在t期的收入来源，包括了家庭在t期所拥有的全部资源。从家庭的全部资源使用来看，家庭使用t期的全部资源购买复合消费品C_t，家庭主要通过债券和货币持有来转移财富，用来购买下一期的消费品，家庭在$t-1$期选择在t期持有债券数量为B_t，而在t期单个家庭持有的名义货

---

① 假设家庭消费和提供劳动得到效用，一般而言，家庭从消费中获得正效用，提供劳动给家庭带来负效用，家庭持有货币能够获得购买商品和服务的方便，因此实际货币余额也给家庭带来正效用。

② 最早利用一般均衡来研究货币功能的模型是Samuelson（1958），货币因为具有跨期转移资源的功能而具有价值。最典型的关于货币进入效用函数的模型包括Sikrauski（1967）的MIU模型，假设消费者直接从货币本身产生效用。其他的关于货币进入效用函数的例子包括CIA模型和购物时间模型，分别假设货币在交易中起着中介功能。

币为 M_t。

定义 $c_t = \dfrac{C_t}{p_t}$，$\xi_t = \dfrac{\prod_t}{P_t}$，$\tau_t = \dfrac{T_t}{P_t}$，$w_t = \dfrac{W_t}{P_t}$，其中，$c_t$ 表示家庭的实际消费数量，w_t 为实际工资，τ_t 表示政府实际税收，ξ_t 表示家庭在 t 期获得中间产品企业的实际利润份额，则家庭的最优化问题可以表述为：

$$\max E_t \sum_{t=0}^{+\infty} \beta^t \left(u(c_t) + \log\left(\frac{M_t}{P_t}\right) - \frac{h_t^{1+\eta}}{1+\eta} \right) \quad (4.3)$$

$$s.t.\ c_t + \frac{B_t}{P_t} + \frac{M_t}{P_t} \leq w_t h_t + (1+i_{t-1})\frac{B_{t-1}}{P_t} + \frac{M_{t-1}}{P_t} + \xi_t - \tau_t \quad (4.4)$$

构建家庭最优化问题的拉格朗日函数如下：

$$L = E_t \sum_{t=0}^{+\infty} \left\{ \beta^t \left[\log(c_t) + \log\left(\frac{M_t}{P_t}\right) - \frac{h_t^{1+\eta}}{1+\eta} \right] + \right.$$

$$\left. \beta^t \lambda_t \left[w_t h_t + (1+i_{t-1})\frac{B_{t-1}}{P_t} + \frac{M_{t-1}}{P_t} + \xi_t - \tau_t - c_t - \frac{B_t}{P_t} - \frac{M_t}{P_t} \right] \right\}$$

$$(4.5)$$

家庭选择 $\left\{ c_t, h_t, \dfrac{M_t}{P_t}, \dfrac{B_t}{P_t}, \lambda_t \right\}$ 的一阶条件：

$\dfrac{\partial L}{\partial c_t} = 0$；$\beta^t \dfrac{1}{c_t} = \beta^t \lambda_t$，即拉格朗日乘子：

$$\lambda_t = \frac{1}{c_t} \quad (4.6)$$

$\dfrac{\partial L}{\partial h_t} = 0$；即劳动供给方程：

$$\frac{w_t}{c_t} = h_t^{\eta} \quad (4.7)$$

$\dfrac{\partial L}{\partial M_t/P_t} = 0$；即货币需求方程：

$$\frac{M_t}{P_t} c_t^{-1} = \frac{i_t}{1+i_t} \quad (4.8)$$

$\dfrac{\partial L}{\partial B_t/P_t} = 0$；即家庭消费的欧拉方程：

$$E_t\beta \frac{p_t c_t}{p_{t+1} c_{t+1}} = \frac{1}{1+i_t} \tag{4.9}$$

$\frac{\partial L}{\partial \lambda_t} = 0$；即家庭的预算约束：

$$c_t + \frac{B_t}{P_t} + \frac{M_t}{P_t} = w_t h_t + (1+i_{t-1})\frac{B_{t-1}}{P_t} + \frac{M_{t-1}}{P_t} + \varepsilon_t - \tau_t \tag{4.10}$$

4.3 最终品生产企业

根据新凯恩斯主义的基本框架和经典假设，生产过程是由最终产品生产商和中间产品生产商共同完成的[①]。为了建模和理解方便，我们先对最终产品企业的问题进行建模，模型的基本形式是宏观经济学标准的建模方式。最终产品企业是完全竞争的，而中间产品企业存在着垄断竞争。中间产品企业因为生产不同的产品具有某类产品的垄断能力，中间产品企业的数量在 [0, 1] 区间上连续分布，总体测度为1。每个中间产品生产商生产产品类型假设为 v，生产产品数量为 $q_t(v)$，$v \in (0, 1)$，中间产品的替代弹性为 ψ，$\psi \geq 1$。最终产品企业购买中间产品企业的产品，采用 CES 的生产打包技术，生产出最终产品 q_t，则最终产品生产企业的生产函数如下：

$$q_t = \left[\int_0^1 q_t(v)^{1-\frac{1}{\psi}} dv\right]^{\frac{\psi}{\psi-1}}$$

最终产品的生产商，以价格 $p_t(v)$ 购买中间产品企业的产出 $q_t(v)$，打包生产最终产品 q_t。已知最终产品生产商的价格为 p_t。因为最终产品生产企业是完全竞争的，因此最终产品企业的经济利润是零，最终产品生产商求解利润最大化问题：

$$\max_{\{p_t, q_t(v)\}} p_t q_t - \int_0^1 p_t(v) q_t(v) dv$$

[①] 为了引入垄断竞争和价格粘性，对商品的生产过程进行细分，划分为中间商品的生产商和最终产品的生产商，这是新凯恩斯主义引入价格粘性和垄断定价的主要方式，更贴近现实经济中产品存在不完全替代的现象，更符合经济实际。

$$\text{s. t. } q_t = \left[\int_0^1 q_t(v)^{1-\frac{1}{\psi}} dv\right]^{\frac{\psi}{\psi-1}}$$

把产品需求约束条件带入到目标函数，对最终产品企业建立拉格朗日函数，对 $q_t(v)$ 求导：

$$L = p_t \left[\int_0^1 q_t(v)^{1-\frac{1}{\psi}} dv\right]^{\frac{\psi}{\psi-1}} - \int_0^1 p_t(v) q_t(v) dv \qquad (4.11)$$

企业利润最大化问题的一阶条件：

$$\frac{\partial L}{\partial q_t(v)} = p_t \left[\int_0^1 q_t(v)^{1-\frac{1}{\psi}} dv\right]^{\frac{\psi}{\psi-1}} q_t(v)^{-\frac{1}{\psi}} - p_t(v) = 0$$

化简，可得最终产品企业对中间产品企业的产品需求函数：

$$q_t(v) = \left[\frac{p_t}{p_t(v)}\right]^{\psi} q_t \qquad (4.12)$$

把对中间产品的需求函数代入到最终产品企业的生产函数：

$$q_t = \left[\int_0^1 \left(\left[\frac{p_t}{p_t(v)}\right]^{\psi} q_t\right)^{1-\frac{1}{\psi}} dv\right]^{\frac{\psi}{\psi-1}} = q_t \left[\int_0^1 \left(\left[\frac{p_t}{p_t(v)}\right]^{\psi-1} dv\right)\right]^{\frac{\psi}{\psi-1}}$$

化简可得，最终产品的价格指数为：

$$p_t = \left[\int_0^1 p_t(v)^{1-\psi} dv\right]^{\frac{1}{1-\psi}} \qquad (4.13)$$

4.4 中间产品生产企业

中间产品企业是引入能源机制的核心，也是能源进入生产环节的主要机制。中间产品企业通过资本 $k_{t-1}(v)$、劳动 $n_t(v)$ 和能源 $e_t(v)$ 生产出具有差异化的产品，中间产品企业将差异化的产品出售给最终产品的生产商，从而形成整个社会的产出。能源作为中间产品企业的最重要投入品，进入生产过程，这方面的文献很多，也是研究能源问题对经济影响的最重要的方式。能源进入生产函数的研究过程，在文献综述中已经有较多的总结。

4.4.1 中间产品企业的基本假设

假设1：中间产品企业的生产函数。中间产品企业生产差异化的产品 v，

中间产品企业在 [0, 1] 区间上连续分布,中间产品企业因为产品差异存在着不完全替代,从而有一定的垄断势力。对任意一种中间产品 v 来说,中间产品企业利用资本、劳动和能源进行生产,每个中间产品企业的生产函数为:

$$q_t(v) = F(G(k_{t-1}(v), e_t(v)), \exp(z_t)n_t(v))$$

其中,$F(\cdot)$,$G(\cdot)$ 为一阶齐次生产函数,满足 innadoc[①] 条件:$F_g \geq 0$,$F_n \geq 0$,$F_{gg} \leq 0$,$F_{nn} \leq 0$,$F_{g,n} \geq 0$;同理,$G(\cdot)$ 满足一阶齐次生产函数性质,也满足 innadoc 条件:$G_k \geq 0$,$G_e \geq 0$,$G_{kk} \leq 0$,$G_{ee} \leq 0$,$G_{ke} \geq 0$。z_t 表示技术进步,生产技术满足哈德罗中性[②]的基本假设;$k_{t-1}(v)$ 表示资本服务,注意这里资本服务进入生产函数的时间标记,表示 $t-1$ 期期末的资本存量,或者是 t 期期初资本存量,标记为 $t-1$ 期是为了便于理解,符合经济常规假设,这种假设属于纯技术处理的方便,不影响模型的基本结论。$e_t(v)$ 表示企业 v 的能源使用总量,$n_t(v)$ 表示企业 v 需求的人力资本或者中间产品企业的劳动力需求。

z_t 表示中间产品生产商受到的冲击或者是社会生产技术的冲击,生产技术冲击的研究在文献中有很多[③]。假设 z_t 服从如下冲击过程,$0 \leq \rho_z \leq 1$,$\varepsilon_{z,t} \sim N(0, \sigma_z^2)$,$\sigma_z^2 > 0$,这个假设在保证稳态时,即 $\varepsilon_{z,t} = 0$,$z_t = z_{t-1} = z_{ss}$,生产技术的稳态值为 1,并且生产技术为正值。

$$\log z_t = \rho_z \log z_{t-1} + \varepsilon_{z,t}, \quad 0 \leq \rho_z \leq 1, \quad \varepsilon_{z,t} \sim N(0, \sigma_z^2), \quad \sigma_z^2 > 0 \quad (4.14)$$

假设 2:中间产品企业的定价方式。中间产品企业按照利润最大化的原则来选择资本 $k_{t-1}(v)$、劳动 $n_t(v)$ 和能源 $e_t(v)$ 投入,主要约束条件是最

---

① 日本经济学家 Innadoc 提出的关于生产函数的四个基本假设条件,保证生产函数具有较好的凹性,即生产函数对于变量是拟凹的。$\lim_{K \to \infty} F_K(K, L) = 0$,$\lim_{L \to \infty} F_L(K, L) = 0$,劳动和资本在无穷远处的生产率为 0;$\lim_{K \to \infty} F_K(K, L) = 0$,$\lim_{L \to \infty} F_L(K, L) = 0$,两种要素在 0 附近具有最大生产力。

② 根据英国经济学家哈德罗生产函数的基本设定,哈德罗中性技术进步 $Y = F(K, AL)$,AL 成为有效劳动数量,将技术进步附加于劳动力,这种形式引入的技术进步称为哈罗德中性。另外,若 $Y = AF(K, L)$,则称为希克斯中性技术进步,两种设定都是基于生产函数的一阶齐次生产函数的基本性质。

③ 技术进步的概念最早来自于 Solow(1956)模型对经济增长的分析,根据索罗模型经济增长的最终来源不是物质财富和劳动力或者是人口增长,技术进步是推动经济增长的持久动力。根据索罗模型的分解,假设生产函数 $Y(t) = F(K(t), A(t)L(t))$,生产中资本的份额为 α,则 $g_Y - g_L = \alpha[g_K - g_L] + R(t)$,技术冲击 $R(t)$ 就是著名的索罗剩余,衡量了技术进步,后来的模型对技术冲击进行了各种随机假设。

终产品企业对中间产品企业的产品需求数量 $q_t(v)$。中间产品企业的定价规则遵循 Calvo（1983）定价规则。

Calvo 定价分为两步：

第一步：第 t 期，经济生活中中间产品企业分为两类，能自由调整价格的企业比例为 $1-\rho$，不能调整价格的企业比例为 ρ，前面假设企业总量为 1，因此中间企业在第 t 期维持上期价格的概率是 ρ。

第二步：在时期 t，$1-\rho$ 比例的企业可以调整价格，调整价格的原则是利润最大化，而剩下的 ρ 比例企业按照某种规则来制定价格。依赖于中间产品企业制定价格的不同方式，中间产品企业可以任意给定自己一个定价公式，不能自由选择价格的中间产品企业定价方式称为"拇指规则"，即依靠企业以往的定价经验，与中间产品企业以往的价格设定有关或者无关，属于每个中间产商自己决定的事情。不能调整价格的企业的拇指规则主要有以下三种：

（1）中间产品企业 v 价格保持与上期选择的价格相同，即 $p_t(v)=p_{t-1}(v)$。

（2）中间产品企业 v 用稳态的通货膨胀 π 来修正上期的价格水平，即 $p_t(v)=\pi p_{t-1}(v)$。

（3）中间产品企业 v 用滞后一期的通货膨胀 π_{t-1} 来修正，即使用 $\pi_{t-1}=\dfrac{p_{t-1}}{p_{t-2}}$ 来修正上期的价格水平，即 $p_t(v)=\pi_{t-1}p_{t-1}(v)$。

中间产品企业选择拇指规则的不同方式对于 Calvo 定价具有显著的影响，这也是新凯恩斯主义的关键假设，直接决定了价格粘性在模型中起作用的主要方式，影响模型的最终结果。结合我国经济发展的现实环境，在经济市场化改革的过程中，我国企业不仅存在着较高程度的价格管制，同时非充分市场化的环境，表明我国企业的价格粘性较为突出，因此使用新凯恩斯主义的价格粘性方式可以较好地反映我国企业定价的基本方式。

根据本书的研究和模型设定，我们假设：不能调整价格的 ρ 比例的中间产品企业，根据如下简单的规则来进行价格调整，因此中间产品企业定价的拇指规则选择第一种：

$$p_t(v)=p_{t-1}(v)$$

在 t 期，假设所有不能重新设定价格的企业集合为 $F(t) \in [0, 1]$，不能设定价格的企业按照拇指规则 $p_t(v) = p_{t-1}(v)$ 来设定价格；所有重新设定价格的企业会选择相同的价格 p_t^*（详细的证明参看下文中间产商的利润最大化问题）。

根据最终产品企业的最优化问题我们知道，经济中总体价格水平 p_t 满足：

$$p_t = \left[\int_0^1 p_t(v)^{1-\psi} dv\right]^{\frac{1}{1-\psi}}$$

将价格制定规则代入总体价格指数：

$$p_t = \left[\int_{F(t)} p_{t-1}(v)^{1-\psi} dv + (1-\rho) p_t^{*\,1-\psi}\right]^{\frac{1}{1-\psi}}$$

$$p_t = \left[\rho p_{t-1}(v)^{1-\psi} + (1-\rho) p_t^{*\,1-\psi}\right]^{\frac{1}{1-\psi}} \tag{4.15}$$

4.4.2 中间产品企业的优化问题

对于中间产品企业来说，要素市场是完全竞争的，即资本 $k_{t-1}(v)$、劳动 $n_t(v)$ 和能源 $e_t(v)$ 价格对于中间产品企业来说是给定的；同时，中间产品企业面临着相同的技术进步；每个中间产品企业满足整个最终产品企业的某种产品需求。在任意时间 t，中间产品企业保持上期价格概率是 ρ，能够选择自由定价的概率是 $1-\rho$。在 t 期，任意中间产品企业一旦选择价格，将以 ρ 的概率保持到第 $t+1$ 期，以 ρ^2 的概率保持到第 $t+2$ 期，以 ρ^3 的概率保持到第 $t+3$ 期……依此类推，第 t 期制定价格的企业在 T 期维持这个价格的概率是 ρ^{T-t}。因此，中间产品企业在定价的过程中，会考虑到今后一段时间企业将维持价格粘性的可能，即企业在第 t 期确定价格之后，在未来一段时间只能维持固定价格。在第 t 期，能够制定价格的企业 v 的最优化问题可以描述为：

$$\max E_t \sum_{i=0}^{+\infty} \beta^i \rho^i \{p_t^*(v) q_{t+i}(v) - p_{t+i}[r_{t+i} k_{t+i-1}(v) + w_{t+i} n_{t+i}(v)] - p_{e,\,t+i} e_{t+i}(v)\}$$

在任意 $t+i$ 期，中间产品企业 v 面临的最终产品企业的需求曲线：

$$q_{t+i}(v) = \left[\frac{p_{t+i}}{p_t^*(v)}\right]^{\psi} q_{t+i}$$

在任意 $t+i$ 期，中间产品企业的技术约束：

$$q_{t+i}(v) = F\{G[k_{t+i-1}(v), e_{t+i}(v)], \exp(z_t)n_{t+i}(v)\}$$

在第 t 期，中间产品企业购买资本 $k_{t-1}(v)$、劳动 $n_t(v)$ 和能源 $e_t(v)$，中间产品企业选择价格为 $p_t^*(v)$，根据 Calvo（1983）定价的基本原则，中间产品企业生产全部最终产品需求，最优化问题变为：

$$\max \quad E_t \sum_{i=0}^{+\infty} \beta^i \rho^i \left\{ p_t^*(v) q_{t+i} \left[\frac{p_{t+i}}{p_t^*(v)}\right]^{\psi} - p_{t+i}[r_{t+i}k_{t+i-1}(v) + w_{t+i}n_{t+i}(v)] - p_{e,t+i}e_{t+i}(v) \right\}$$

$$\text{s.t.} \quad \left[\frac{p_{t+i}}{p_t^*(v)}\right]^{\psi} q_{t+i} = F(G(k_{t+i-1}(v), e_{t+i}(v)), \exp(z_t)n_{t+i}(v))$$

中间产品企业在最大化利润的同时，必然是最小化中间产品企业的总成本，因此上述中间产品企业的利润最大化问题化为中间产品企业的成本最小化问题。一般来说，这两个问题是不等价的。为了求解中间产品企业的上述最优化问题，我们采用两步法：第一步，先求解中间产品企业的成本最小化问题，获得中间产品企业的实际边际成本 Ψ_t；第二步，将实际边际成本带入中间产品企业的利润最大化问题，求解中间产品企业的最优价格 $p_t^*(v)$ 满足的一阶条件。

第一步，中间产品企业的成本最小化问题：

$$\min_{\{k,n,e\}} r_t k_{t-1}(v) + w_t n_t(v) + p_{e,t} e_t(v)$$

$$\text{s.t.} \quad q_t(v) = \left[\frac{p_t}{p_t^*(v)}\right]^{\psi} q_t = F(G(k_{t-1}(v), e_t(v)), \exp(z_t)n_t(v))$$

构建中间产品企业的拉格朗日函数：

$$L = r_t k_{t-1}(v) + w_t n_t(v) + p_{e,t} e_t(v) - \Psi_t \{F(G(k_{t-1}(v), e_t(v)), \exp(z_t)n_t(v)) - q_t(v)\}$$

(4.16)

中间产品企业的成本最小化问题的一阶条件：

$$r_t = \Psi_t F_G(G(k_{t-1}(v), e_t(v)), \exp(z_t)n_t) G_k(k_{t-1}(v), e_t(v))$$

(4.17)

资本需求方程：
$$r_t = \Psi_t F_G(G(k_{t-1}(v), e_t(v)), \exp(z_t)n_t)G_k(k_{t-1}(v), e_t(v))$$

企业的劳动需求方程：
$$\frac{\partial L}{\partial n_t(v)} = 0$$
$$w_t = \exp(z_t)\Psi_t F_n(G(k_{t-1}(v), e_t(v)), \exp(z_t)n_t) \quad (4.18)$$

能源的价格方程：
$$\frac{\partial L}{\partial e_t(v)} = 0$$
$$p_{e,t} = \Psi_t F_G(G(k_{t-1}(v), e_t(v)), \exp(z_t)n_t(v))G_e(k_{t-1}(v), e_t(v))$$
$$(4.19)$$

企业的生产函数：
$$\frac{\partial L}{\partial \Psi_t(v)} = 0$$
$$q_t(v) = F(G(k_t(v), e_t(v)), \exp(z_t)n_t(v)) \quad (4.20)$$

企业的实际边际成本：
$$\frac{\partial L}{\partial q_t(v)} = \Psi_t \quad (4.21)$$

其中，Ψ_t 为中间产品企业成本最小化问题的拉格朗日乘子，经济学上称为中间产品企业 v 的实际边际成本。因为生产函数具有一阶齐次函数的基本性质，因此所有中间产品企业 v 的实际边际成本相等，Ψ_t 是所有中间产品企业的实际边际成本，取决于各种投入品要素的价格。

第二步，中间产品企业选择最优价格 $p_t^*(v)$。

假设中间产品企业的总成本函数为 $M_t(q(v))$，则中间产品企业的利润最大化问题，可以重新表述为：
$$\max E_t \sum_{i=0}^{+\infty} \beta^i \rho^i (p_t^*(v)q_{t+i}(v) - M_{t+i}(q_{t+i}(v)))$$
$$\text{s.t.} \quad q_{t+i}(v) = \left[\frac{p_{t+i}}{p_t^*(v)}\right]^{\psi} q_{t+i}$$

故中间产品企业的最优定价规则满足最大化问题：

$$\max_{\{p_t^*(v)\}} E_t \sum_{i=0}^{+\infty} \beta^i \rho^i q_{t+i} \left\{ p_t^*(v) \left[\frac{p_{t+i}}{p_t^*(v)}\right]^\psi - M_{t+i} \left(\left[\frac{p_{t+i}}{p_t^*(v)}\right]^\psi q_{t+i}\right) \right\}$$

(4.22)

上式对 $p_t^*(v)$ 求导：$E_t \sum_{i=0}^{+\infty} \beta^i \rho^i q_{t+i} \left\{ (1-\psi)\left[\frac{p_{t+i}}{p_t^*(v)}\right]^\psi + \psi \frac{\partial M_{t+i}}{\partial p_t^*(v)} \right.$

$\left. \left[\frac{p_{t+i}}{p_t^*(v)}\right]^\psi \frac{1}{p_t^*(v)} \right\} = 0$

化简上式：

$$E_t \sum_{i=0}^{+\infty} \beta^i \rho^i q_{t+i}(v) \left(p_t^*(v) + \frac{\psi}{1-\psi} \frac{\partial M_{t+i}}{\partial p_t^*(v)} \right) = 0$$

在 $t+i$ 期，将中间产品企业的实际边际成本 $\Psi_{t+i} = \frac{\partial M_{t+i}}{\partial p_t^*(v)} \frac{1}{p_{t+i}}$ 代入上式，我们可以得到中间产品企业最优定价策略满足的一阶条件：

$$E_t \sum_{i=0}^{+\infty} \beta^i \rho^i q_{t+i}(v) \left(p_t^*(v) + \frac{\psi}{1-\psi} \Psi_{t+i} p_{t+i} \right) = 0$$

因为中间产品企业的问题是相似的，根据中间产品企业的对称性，我们可以得到：

$$E_t \sum_{i=0}^{+\infty} \beta^i \rho^i q_{t+i} \left(p_t^* - \frac{\psi}{\psi-1} \Psi_{t+i} p_{t+i} \right) = 0 \qquad (4.23)$$

4.5 政府部门

为了分别对财政政策和货币政策建模分析，模型将政府和中央银行的职能分开，分别有各自不同的政策目标。政府主要执行财政政策，而中央银行主要负责货币发行和利率政策的制定。货币政策和财政政策的分离也符合现代中央银行独立性的基本特征。关于政府经济功能的研究，主要有两种模式：其一，政府消费进入居民的效用函数，政府支出具有外部性。Arrow 和 Kurz（1947）认为，政府消费可以直接为居民带来效用，政府给居民的效用改善来自于两个方面：一方面是政府兴建公共设施和转移支付，直接提高了居民的效用水平；另一方面是政府的公共支出，比如国防和军队建设、警察和治安保护等纯公共产品，私人部门不能生产，从而政府提供纯公共产品增加了居民的效用。此方面的研究，着重对政府的支出进行不同的分类，分为各类政府支出对居民消费、投资和产出的影响，这方面的文献比较多，可以参考 Barro（1990）和 Turnovsky（1990）等文献。其二，政府支出与居民消费支出一样，具有竞争性。简单地说，政府支出和居民消费支出是完全竞争的，是对私人消费的完全替代，这种分析方法把政府看作是独立的经济单位。政府作为一个经济单位，通过税收和发行货币来获得收入，购买社会产品满足政府本身的支出需求。

本书采用第二种政府经济模型的基本设定，即政府是外在于私人部门的经济主体，政府支出对私人效用不存在外部性。政府通过两种渠道为政府支出 G_t 融资：税收（T_t）和货币创造（M_t）。政府的收入模式可以这样理解：一是政府收入的两个来源，主要是货币发行和直接税收。税收的功能比较直接，政府为了向私人部门提供纯公共产品必须向私人部门征收税收，用来购买纯公共产品。对于货币发行收入，可以这样理解，私人部门没有货币发行权，货币为私人部门提供了流动性的货币交易服务，满足了私人部门对支付手段的需求，但是货币发行向经济体注入流动性会促使价格水平上涨，给消费者的实际财富造成损失，因此政府发行货币的权利被称为"铸币税"①。二是政府维持预算平衡，与一般的政府收入模式设定不一样，我们假设政府主要靠税收来融资，不存在政府债务问题②。一般政府债务约束表示为 $dB_t/d_t = r_{(t)} B_t + g(t) - \tau_t$，其中，$B_t$ 表示政府债务存量，政府债务的增长率是 r_t。第 t 期政府利用税收来支付政府债务存量和政府支出的总和，两者的差额积累为新的政府债务存量。因为 $r_t > 0$，政府预算约束满足非蓬齐条件（NPG）：$\lim_{z \to \infty} B(z) \exp\left[-\int_t^z r(v) dv\right] = 0$，即政府的债务不能无限膨胀，政府所有期

---

① 铸币税是政府获得收入的主要来源，而且铸币税在政府收入的占比相对规模较大。特别是在非正规经济占有较大比例的国家，或者地下经济较为严重的国家，政府的铸币税可以防止税收逃避，同时对大规模使用现金的地下交易进行压制。Nicolini 和 Juanpablo（1998）对税收逃避和政府铸币税进行了研究。

② 刻画政府债务问题最多的是巴罗—李嘉图等价，对于永续存在的政府来说，债务并不是问题，债务融资和税收对于政府来说是等价的。

间的预期收入等于支出。政府每期可以通过预算平衡，政府的预算约束如下：

$$G_t \leq \frac{M_t - M_{t-1} + T_t}{P_t}$$

上面用名义变量表示的政府支出预算方程，化成实际变量如下：

$$g_t \leq \frac{M_t}{P_t} - \frac{M_{t-1}}{P_t} + \tau_t \tag{4.24}$$

为了刻画政府支出变化对经济的影响（政府支出冲击），模型假设政府平均支出为 $\bar{g}$，政府支出的增长率 g_t 服从如下冲击过程：

$$0 \leq \rho_g \leq 1, \ \varepsilon_{g,t} \sim N(0, \ \sigma_g^2), \ \sigma_g^2 > 0$$
$$\log g_{g,t} = \rho_g \log g_{g,t-1} + \varepsilon_{g,t}, \ 0 \leq \rho_g \leq 1, \ \varepsilon_{g,t} \sim N(0, \ \sigma_g^2), \ \sigma_g^2 > 0 \tag{4.25}$$

4.6 中央银行货币政策规则

经济增长和货币发行量之间在统计意义上有较强的相关关系，特别是在通货膨胀较低或者稳定的经济体中，经济增长会带动货币化的进程。相关的研究文献可以参考 Macandless 和 Weber（1995）。一般来说，决定货币政策的是中央银行，中央银行执行独立的货币政策，中央银行具有自己独立的目标倾向。有两种著名的货币政策规则[①]：一是泰勒规则。中央银行货币政策的目标关注通货膨胀和产出缺口，利率根据通货膨胀和产出缺口相对于理想水平的偏差来反映。下面将具体介绍泰勒规则的设定。二是 Friedman 货币增长规则。根据货币主义的基本理论，通货膨胀归结到底是一种货币现象，政府采用固定货币发行增长速度，为经济提供流动性服务。根据我国中央银行的货币政策规则，中央银行不仅通过泰勒规则来管理经济的通货膨胀，而且通过货币总量控制来调节经济中的货币余额。因

---

① 货币模型把货币发行作为一种随机冲击，在经济学的理解上可能遇到麻烦。因此，现在对财政和货币政策当局都具有某种特殊行为方程，而不假设货币政策和财政政策是随机的，相关的研究主要讨论政策的承诺性问题，即政策制定者是否具有较好的 commitment 能力，以及政策实施的连续性和一致性问题，即政策的 time-consistent 的问题。

此，中央银行的模型包括两个方面的问题：货币增长模型的建立和我国中央银行的泰勒规则。

中央银行的利率水平参照名义利率 i_t 以及实际通货膨胀目标 π_t 制定，因此泰勒规则为：

$$i_t - i_{ss} = \rho_i (i_{t-1} - i_{ss}) + \rho_\pi (\pi_t - \pi_{ss}) + \varepsilon_{i,t} \quad (4.26)$$

其中，i_{ss}、π_{ss} 表示中央银行货币政策的基本目标，$\varepsilon_{i,t}$ 表示中央银行货币利率冲击。$0 \leq \rho_i$，$\rho_\pi \leq 1$，$\varepsilon_{i,t} \sim N(0, \sigma_i^2)$，$\sigma_i^2 > 0$，中央银行不断调整名义利率实现预期的通货膨胀的基本目标。中央银行对经济总体的货币数量进行控制和调节，模型假设货币供给的增长速度为 $g_{m,t}$，经济中货币供给的增长速度为：

$$M_t = g_{m,t} M_{t-1} \quad (4.27)$$

4.7 资本运动方程

资本存在折旧，资本通过资本服务进入生产过程。中间产品生产商的资本使用加总以后，会得到社会资本的总量方程。第 t 期资本来源有两个部分：一部分是上期剩下的资本 δk_t；另一部分是本期新增加的投资 x_t。资本的最终所有者是家庭，经济中所有企业资本折旧率为 δ，则企业资本积累方程为：

$$x_t = k_t - (1-\delta) k_{t-1} \quad (4.28)$$

4.8 资源约束

考虑到模型的封闭条件，经济中所有的产出数量为 q_t，全部产出可以分为四个部分：私人部门的一般消费品消费 c_t，新增加的企业投资 x_t，政府购买支出 g_t，能源购买成本 $p_{e,t} e_t$。定义经济中经济增加值 $GDP_t = q_t - p_{e,t} e_t$，我们可以看到熟悉的封闭经济 GDP 的恒等式：$c_t + x_t + g_t = GDP_t$。可以得到通常意义的 GDP 的会计恒等式：

$$c_t + p_{e,t}e_t + x_t + g_t = q_t \tag{4.29}$$

为了刻画外生能源冲击对经济的影响，模型假设石油价格 $p_{e,t}$ 服从如下的冲击过程：

$$0 \leq \rho_e \leq 1, \ \varepsilon_{e,t} \sim N(0, \sigma_e^2), \ \sigma_e^2 > 0$$
$$\log p_{e,t} = \rho_e \log p_{e,t-1} + \varepsilon_{e,t}, \ 0 \leq \rho_e \leq 1, \ \varepsilon_{e,t} \sim N(0, \sigma_e^2), \ \sigma_e^2 > 0 \tag{4.30}$$

假设中央银行货币供给的增长速度 $g_{m,t}$，也是一个外生的随机过程，模型假设石油价格 $g_{m,t}$ 服从如下的冲击过程：

$$0 \leq \rho_m \leq 1, \ \varepsilon_{m,t} \sim N(0, \sigma_m^2), \ \sigma_m^2 > 0$$
$$\log g_{m,t} = \rho_m \log g_{m,t-1} + \varepsilon_{m,t}, \ 0 \leq \rho_m \leq 1, \ \varepsilon_{m,t} \sim N(0, \sigma_m^2), \ \sigma_m^2 > 0 \tag{4.31}$$

4.9 市场均衡

根据一般均衡理论模型的基本原理，竞争经济达到均衡状态时，满足如下的基本条件：

一是家庭在预算约束下达到效用最大化，即家庭求解效用最大化问题（式（4.5）），得到一阶条件：式（4.6）、式（4.7）、式（4.8）、式（4.9）、式（4.10）。

二是最终产品企业求解利润最大化问题，即最终产品生产商求解利润最大化问题（式（4.11）），得到对中间产品的需求函数（式（4.12））和最终产品价格指数，即经济整体价格水平满足式（4.13）。

三是中间企业选择要素投入达到成本的最小化或利润的最大化，即中间产品企业求解成本最小化问题（式（4.16）），得到中间产品企业要素投入满足一阶条件：式（4.17）、式（4.18）、式（4.19）、式（4.20）、式（4.21）。同时给定中间产品生产商面临的最终需求以及中间产品生产商的定价规则，通过中间产品生产商求解利润最大化问题（式（4.22））得到中间产品企业的价格水平（式（4.23））。

四是政府部门的预算约束满足式（4.24）。

五是中央银行的货币政策规则满足式（4.26）、式（4.27）。

六是经济的整体资源约束条件得到满足，即市场完全出清，商品市场、劳动市场、资本市场三个市场实现均衡。根据瓦尔拉斯竞争经济的基本原理，如果经济体中有 n 个市场，当市场达到完全竞争均衡的时候，只要 $n-1$ 个市场达到均衡，则第 n 个市场根据瓦尔拉斯法则自动均衡。本模型中包括劳动市场、资本市场、货币市场、石油市场，因此我们只需要劳动市场、资本市场和石油市场完全出清，则货币市场自动达到均衡。当经济完全达到均衡的时候，市场均衡条件主要包括：

（1）能源市场完全出清，中间产品生产商能源需求等于能源总供给 e_t（生产部门使用的石油总量），$e_t = \int_0^1 e_t(v) dv$。

（2）劳动市场完全出清，家庭供给的劳动 h_t 等于中间产品生产商劳动总需求 n_t，即劳动市场均衡：

$$h_t = n_t = \int_0^1 n_t(v) dv$$

（3）资本市场完全出清，即家庭的资本供给 $b_t = \dfrac{B_t}{p_t}$，中间产品生产商资本总需求 k_t，即资本市场均衡：

$$k_t = b_t = \int_0^1 k_t(v) dv$$

（4）经济的整体资源约束，经济中生产的国民总收入分配到消费、投资和政府支出三个方向：

$$c_t + p_{e,t} e_t + x_t + g_t = q_t$$

七是经济中总体资本运动方程为（4.28）；技术冲击、利率冲击、能源价格冲击、政府支出、货币增长冲击方程为式（4.14）、式（4.25）、式（4.26）、式（4.30）、式（4.31）。

4.10　本章小结

本章根据新凯恩斯主义一般均衡模型的框架，构建了包括家庭、企业

(中间产品企业、最终产品企业)、政府、中央银行四大经济主体构成的一般均衡模型。本章主要创新如下：一是把能源因素引入了一般均衡模型的分析框架，为后面的实证分析和模型求解打下了基础；二是在价格粘性条件下确定了中间产品企业价格的制定问题，为了研究能源冲击对我国宏观经济的影响，我们在中间产品企业的生产过程中引入能源因素，刻画了能源在生产领域的主要功能；三是分析了一般均衡模型的所有均衡条件。

本章附录

下面给出生产函数或者效用函数的具体形式，对本章涉及的均衡条件进行推导：

1. 式（4.5）家庭优化条件求解

$$L = E_t \sum_{t=0}^{+\infty} \left\{ \beta^t \left[\log(c_t) + \log\left(\frac{M_t}{P_t}\right) - \frac{h_t^{1+\eta}}{1+\eta} \right] + \beta^t \lambda_t \left[w_t h_t + (1+i_{t-1})\frac{B_{t-1}}{P_t} + \frac{M_{t-1}}{P_t} + \xi_t - \tau_t - c_t - \frac{B_t}{P_t} - \frac{M_t}{P_t} \right] \right\}$$

家庭选择 $\left\{ c_t, h_t, \frac{M_t}{P_t}, \frac{B_t}{P_t}, \lambda_t \right\}$ 的一阶条件：

$\frac{\partial L}{\partial c_t} = 0$；$\beta^t \frac{1}{c_t} = \beta^t \lambda_t$，即拉格朗日乘子：$\lambda_t = \frac{1}{c_t}$，即家庭财富的边际效用，或称为资源的影子价格。

$\frac{\partial L}{\partial h_t} = 0$；$-\beta^t h_t^\eta = \beta^t \lambda_t w_t$，代入 $\lambda_t = \frac{1}{c_t}$，可得到劳动供给方程（4.7）：$\frac{w_t}{c_t} = h_t^\eta$，即家庭的劳动供给数量与以消费衡量的劳动工资相关。

$\frac{\partial L}{\partial M_t/P_t} = 0$；$\beta^t \left(\frac{M_t}{P_t}\right)^{-1} - \beta^t \lambda_t \frac{1}{P_t} + E_t \beta^{t+1} \lambda_{t+1} \frac{1}{P_{t+1}} = 0$

可得：

$$\left(\frac{M_t}{P_t}\right)^{-1} c_t = 1 - E_t \beta \frac{p_t c_t}{p_{t+1} c_{t+1}}$$

$\frac{\partial L}{\partial B_t/P_t}=0$；$-\beta^t\lambda_t+E_t\beta^t\lambda_t(1+i_t)=0$，则家庭消费的欧拉方程：

$$E_t\beta\frac{p_t c_t}{p_{t+1}c_{t+1}}=\frac{1}{1+i_t}$$

将上面两个式子合并，可以得到家庭货币需求函数（4.8）：$\frac{M_t}{P_t}c_t^{-1}=\frac{i_t}{1+i_t}$，以消费衡量的家庭实际货币需求与名义利率相关；同时可得到消费的欧拉方程（4.9）：$E_t\beta\frac{p_t c_t}{p_{t+1}c_{t+1}}=\frac{1}{1+i_t}$，消费数量的跨期替代与经济主体跨期转移资源能力相关。

$\frac{\partial L}{\partial \lambda_t}=0$；即家庭的预算约束（4.10）：

$$c_t+\frac{B_t}{P_t}+\frac{M_t}{P_t}=w_t h_t+(1+i_{t-1})\frac{B_{t-1}}{P_t}+\frac{M_{t-1}}{P_t}+\varepsilon_t-\tau_t$$

因此，家庭最优化问题的一阶条件如下：

$$\frac{w_t}{c_t}=h_t^\eta \tag{4.7}$$

$$\frac{M_t}{P_t}c_t^{-1}=\frac{i_t}{1+i_t} \tag{4.8}$$

$$E_t\beta\frac{p_t c_t}{p_{t+1}c_{t+1}}=\frac{1}{1+i_t} \tag{4.9}$$

$$c_t+\frac{B_t}{P_t}+\frac{M_t}{P_t}=w_t h_t+(1+i_{t-1})\frac{B_{t-1}}{P_t}+\frac{M_{t-1}}{P_t}+\varepsilon_t-\tau_t \tag{4.10}$$

2. 式（4.16）中间产品生产商的最优化问题及加总

$L=r_t k_{t-1}(v)+w_t n_t(v)+p_{e,t}e_t(v)-\Psi_t\{F(G(k_{t-1}(v),e_t(v)),\exp(z_t)n_t(v))-q_t(v)\}$

求解中间产品企业成本最小化问题的一阶条件，可得：

$$r_t=\Psi_t F_G(G(k_{t-1}(v),e_t(v)),\exp(z_t)n_t(v))G_k(k_{t-1}(v),e_t(v))$$
$$\tag{4.17}$$

$$w_t=\exp(z_t)\Psi_t F_n(G(k_{t-1}(v),e_t(v)),\exp(z_t)n_t(v)) \tag{4.18}$$

$$p_{e,t} = \Psi_t F_G(G(k_{t-1}(v), e_t(v)), \exp(z_t)n_t(v))G_e(k_{t-1}(v), e_t(v))$$
(4.19)

$$q_t(v) = F(G(k_t(v), e_t(v)), \exp(z_t)n_t(v)) \quad (4.20)$$

$$\frac{\partial L}{\partial q_t(v)} = \Psi_t \quad (4.21)$$

假设生产函数

$q_t(v) = F(G(k_t(v), e_t(v)), z_t n_t(v)) = [ak_{t-1}^\theta(v) + (1-a)e_t^\theta(v)]^{\frac{\alpha}{\theta}}[\exp(z_t)n_t(v)]^{1-\alpha}$，即 F 和 G 分别为 CD 和 CES 生产函数形式，并且 F 和 G 都具有一阶齐次函数性质，如下所示：

$$G(k_{t-1}(v), e_t(v)) = [ak_{t-1}^\theta(v) + (1-a)e_t^\theta(v)]^{\frac{1}{\theta}},$$
$$F(G_t(v), \exp(z_t)n_t(v)) = G_t^\alpha(v)[\exp(z_t)n_t(v)]^{1-\alpha}$$

根据 r 阶齐次生产函数的基本性质：$f(t^r x_t) = t^r f(x_t)$，当 $r=1$ 时，称为一阶齐次函数，一阶齐次函数的导数是零阶齐次函数。因此，对于一阶齐次函数的导数满足 0 阶齐次函数的基本性质，我们重新定义中间产品企业的资本能源比率 $\frac{k_{t-1}(v)}{e_t(v)}$，资本劳动比率 $\frac{k_{t-1}(v)}{n_t(v)}$。

（1）我们证明中间产品企业的资本能源比率 $\frac{k_{t-1}(v)}{e_t(v)}$，资本劳动比率 $\frac{k_{t-1}(v)}{n_t(v)}$ 并不取决于 v。

由式（4.17）、式（4.18）相除：

$$\frac{r_t}{w_t} = \frac{\Psi_t F_G(G(k_{t-1}(v), e_t(v)), \exp(z_t)n_t(v))G_k(k_{t-1}(v), e_t(v))}{\Psi_t \exp(z_t)F_n(G(k_{t-1}(v), e_t(v)), \exp(z_t)n_t)}$$

$$= \frac{F_G\left[G\left(1, \frac{e_t(v)}{k_{t-1}(v)}\right), \exp(z_t)\frac{n_t(v)}{k_{t-1}(v)}\right]G_k\left[1, \frac{e_t(v)}{k_{t-1}(v)}\right]}{\exp(z_t)F_n\left[G\left(1, \frac{e_t(v)}{k_{t-1}(v)}\right), \exp(z_t)\frac{n_t(v)}{k_{t-1}(v)}\right]}$$

由式（4.17）、式（4.19）相除：

$$\frac{r_t}{p_{e,t}} = \frac{\Psi_t F_G(G(k_{t-1}(v), e_t(v)), \exp(z_t)n_t(v))G_k(k_{t-1}(v), e_t(v))}{\Psi_t F_G(G(k_{t-1}(v), e_t(v)), \exp(z_t)n_t(v))G_e(k_{t-1}(v), e_t(v))}$$

$$= \frac{G_k(k_{t-1}(v), e_t(v))}{G_e(k_{t-1}(v), e_t(v))}$$

$$= \frac{G_k\left[1, \frac{e_t(v)}{k_{t-1}(v)}\right]}{G_e\left[1, \frac{e_t(v)}{k_{t-1}(v)}\right]}$$

因此当中间产品企业达到稳定生产状态的时候,要素投入的价格并不取决于中间产品生产商的类型 v。

因此,对于中间产品生产企业 v 来讲,$\frac{k_{t-1}(v)}{e_t(v)} = \frac{\int_0^1 k_{t-1}(v)dv}{\int_0^1 e_t(v)dv} = \frac{k_{t-1}}{e_t}$,同样的道理,我们可以得到资本劳动的比率不依赖于企业的类型,$\frac{k_{t-1}(v)}{n_t(v)} = \frac{\int_0^1 k_{t-1}(v)dv}{\int_0^1 n_t(v)dv} = \frac{k_{t-1}}{n_t}$。

(2) 中间产品企业 v 的实际边际成本等于所有企业的平均边际成本:$\Psi_t(v) = \Psi_t$。

$\Psi_t(v)$ 为中间产品企业 v 成本最小化问题的拉格朗日乘子,经济学上称为中间产品企业 v 的实际边际成本。因为生产函数具有一阶齐次函数的基本性质,因此所有中间产品企业 v 的实际边际成本相等,$\Psi_t(v) = \Psi_t$ 是所有中间产品企业的实际边际成本,取决于各种投入品要素的价格,也是经济中所有企业的平均实际边际成本。

(3) 社会总产品:$q_t = \dfrac{F[G(k_{t-1}, e_t), \exp(z_t)n_t]}{\int_0^1 \left[\dfrac{p_t}{p_t(v)}\right]^{\psi} dv}$

因为 $q_t(v) = F(G(k_{t-1}(v), e_t(v)), \exp(z_t)n_t(v))$,$q_t(v) = \left[\dfrac{p_t}{p_t(v)}\right]^{\psi} q_t$,根据齐次生产函数的基本性质,资本能源比率 $\dfrac{k_{t-1}(v)}{e_t(v)}$ 和资本劳动比率 $\dfrac{k_{t-1}(v)}{n_t(v)}$ 并不取决于 v,可得:

$$q_t(v) = \left[\frac{p_t}{p_t(v)}\right]^\psi q_t = k_{t-1}(v) F\left[G\left(1, \frac{e_t}{k_{t-1}}\right), \exp(z_t)\frac{n_t}{k_{t-1}}\right]$$

上式两边对 v 加总，

$$q_t \int_0^1 \left[\frac{p_t}{p_t(v)}\right]^\psi dv = F\left[G\left(1, \frac{e_t}{k_{t-1}}\right), \exp(z_t)\frac{n_t}{k_{t-1}}\right] \int_0^1 k_{t-1}(v) dv$$

使用均衡条件：

$$\int_0^1 k_{t-1}(v) dv = k_{t-1}$$

中间产品企业加总约束条件：

$$q_t \int_0^1 \left[\frac{p_t}{p_t(v)}\right]^\psi dv = k_{t-1} F\left[G\left(1, \frac{e_t}{k_{t-1}}\right), \exp(z_t)\frac{n_t}{k_{t-1}}\right]$$
$$= F[G(k_{t-1}, e_t), \exp(z_t) n_t]$$

则可得经济中总体生产函数：

$$q_t = \frac{F[G(k_{t-1}, e_t), \exp(z_t) n_t]}{\int_0^1 \left[\frac{p_t}{p_t(v)}\right]^\psi dv}$$

因此，我们可以得到中间产品企业最优化问题的一阶条件和约束条件如下：

$$r_t = \Psi_t \alpha \frac{q_t}{k_{t-1}} a \frac{1}{a + (1-a)\left(\frac{e_t}{k_{t-1}}\right)^\theta} \qquad (4.17.1)$$

$$w_t = \Psi_t (1-\alpha) \exp(z_t) \frac{q_t}{h_t} \qquad (4.18.1)$$

$$p_{e,t} = \Psi_t \alpha \frac{q_t}{e_t} (1-a) \frac{\left(\frac{e_t}{k_{t-1}}\right)^\theta}{a + (1-a)\left(\frac{e_t}{k_{t-1}}\right)^\theta} \qquad (4.19.1)$$

$$q_t = \frac{\exp(z_t) \left[a k_{t-1}^\theta + (1-a) e_t^\theta\right]^{\frac{\alpha}{\theta}} n_t^{1-\alpha}}{\int_0^1 \left[\frac{p_t}{p_t(v)}\right]^\psi dv} \qquad (4.20.1)$$

$$\frac{\partial L}{\partial q_t(v)} = \Psi_t \qquad (4.21.1)$$

3. 式（4.16）中间产品企业的定价准则和价格运动方程

根据 Calvo 定价规则，经济中总体价格的运动方程如下：

$$p_t = \left[\rho p_{t-1}(v)^{1-\psi} + (1-\rho) p_t^{*\,1-\psi}\right]^{\frac{1}{1-\psi}} \quad (4.15)$$

中间产品企业最优化问题的一阶条件如下：

$$E_t \sum_{i=0}^{+\infty} \beta^i \rho^i q_{t+i} \left(p_t^* - \frac{\psi}{\psi-1} \Psi_{t+i} p_{t+i}\right) = 0 \quad (4.23)$$

第 5 章
能源冲击对我国宏观经济波动的仿真模拟

第 4 章建立了包括能源冲击因素的新凯恩斯动态随机一般均衡模型，建立 DSGE 模型之后，要利用参数校准的方法来求解模型并分析各种经济冲击对我国经济波动的影响。本章对模型进行求解并得出模型主要结论，给出了模型稳态分析、参数校准、模型的对数线性化结果以及能源冲击对我国宏观经济影响的模拟结果。

本章主要内容如下：第 5.1 节进行了模型的稳态分析，计算了模型的稳态方程。第 5.2 节对模型参数进行了校准，对基本参数借用了其他文献的结果，对于经济冲击系数使用数据进行了估计。第 5.3 节给出了模型的对数线性化结果，化简得到整个模型的线性化系统。第 5.4 节给出了能源冲击、货币政策和财政政策冲击得出的效应分解，分别展示了产出、资本、劳动、消费、工资、利率、投资等内生变量受到外生能源价格冲击、货币政策、财政政策以及生产率冲击的动态过程，这是本章的核心，也是本书模型解释中国宏观经济能源波动的关键。第 5.5 节为本章小结，对能源冲击对我国经济的宏观影响进行总结。附录给出了稳态中模型的基本计算过程。

5.1 模型稳态分析

一般来说，原始模型系统是非线性方程组系统，模型不一定有解析解。因此动态随机一般均衡模型会归结于求解系统方程组解的问题。对于一般方程组求解，尤其是非线性方程组 $\begin{cases} F(X,Y,Z,\cdots)=0 \\ G(X,Y,Z,\cdots)=0 \\ H(X,Y,Z,\cdots)=0 \\ \cdots\cdots \end{cases}$，当函数 F、G、H 等作为变量的非线性函数时，模型可能是无法得到解析解的。求解这种方程组的相关方法在文献综述中作了详细说明，可以参考文献综述。为了求解这类非线性方程组，通常的办法是进行泰勒展开，在稳态附近进行变量的线性近似，化解高阶非线性方程组为线性方程组，从而求解一般的矩阵方程。作为线性矩阵方程，整个系统方程是否有解取决于系统的特征根。根据 Cramer 法则，矩阵方程 $AX=B$ 有解的充分必要条件是 A 矩阵可逆。假设 A 矩阵可逆，则上述线性方程组的解可以较好地表示出来：$X=A^{-1}B$。这样，我们就可以将方程的内生变量表示为所有外生变量（exiguous variable）和前定变量（pretermined variable）的函数，从而能够分析经济冲击对实际内生变量的影响。

根据求解 DSGE 模型的基本思路，我们在模型计算环节主要关心两个问题：一是模型的稳态问题；二是模型的求解问题。首先，我们对模型系统的稳定性进行分析，求出模型的稳态值。

当经济处于稳态的时候，我们可以先对经济中随机冲击进行简化。在稳态中，经济中的随机冲击为 0，即：$\varepsilon_{m,t}=0$，$\varepsilon_{g,t}=0$，$\varepsilon_{e,t}=0$，$\varepsilon_{z,t}=0$。因此，经济在稳态时候，$g_{m,t}=g_m=1$，$p_{e,t}=p_e=1$，$z_t=z=1$，$g_{g,t}=g_g=1$。在这里，我们使用不带时间标志的 X 表示经济变量的稳态值，下面依次对基本模型一阶条件求稳态：

由第 4 章劳动供给方程（4.7）可得：$w=ch^\eta$；第 4 章实际货币需求方程（4.8）可得：$\dfrac{M}{P}=\dfrac{ic}{1+i}$；由第 4 章欧拉方程（4.9）可得：$\beta=\dfrac{1}{1+i}$；在稳态时候，家庭拥有的债券相互抵消，故第 4 章家庭预算约束（4.10）变为：$c=wh+\varepsilon-\tau$。

最终产品企业的定价问题 $p^{1-\psi}=\rho p^{1-\psi}+(1-\rho)p^{*\,1-\psi}$，则 $p=p(v)=p^*(v)$，把价格水平带入中间产品 v 的需求函数，可得 $q_v=q\left[\dfrac{p}{p(v)}\right]^\psi=q$。

中间品生产企业的最优化条件变为：$\sum_{i=0}^{+\infty}\beta^i\rho^i q\left(p^* - \frac{\psi}{\psi-1}\Psi p\right) = \frac{1}{1-\beta\rho}q$，$\left(p^* - \frac{\psi}{\psi-1}\Psi p\right) = 0$，我们可得 $\Psi = \frac{\psi-1}{\psi} = 1 - \frac{1}{\psi}$，最后这个式子表明价格加成[①]（markup）是边际成本的倒数，这正是一般垄断产商定价的基本策略。

根据加总的生产企业，最终产品企业的稳态同样可以得到，稳态的资本回报率 $r = \Psi\alpha\dfrac{q}{k}\dfrac{a}{a+(1-a)\left(\dfrac{e}{k}\right)^\theta}$，稳态的工资等于 $w = (1-\alpha)\exp(z)\Psi\dfrac{q}{h}$，因为在经济处于稳定状态后，外生能源价格为 1，$1 = \Psi\alpha\dfrac{q}{e}(1-a)\dfrac{\left(\dfrac{e}{k}\right)^\theta}{a+(1-a)\left(\dfrac{e}{k}\right)^\theta}$，稳态的产出 $q = \exp(z)[ak^\theta + (1-a)e^\theta]^{\frac{\alpha}{\theta}} h^{1-\alpha}$。

政府预算平衡 $g = \left(1 - \dfrac{1}{g_m}\right)\dfrac{M}{P} + \tau = \tau$，因为货币增长率为 1；社会投资方程变为 $x = \delta k$，整个资源约束方程为 $c + p_e e + x + g = q$。下列方程组描述了模型经济的稳态过程：

$$g_{m,t} = g_m = 1, \ p_{e,t} = p_e = 1, \ z_t = z = 1, \ g_{g,t} = g_g = 1 \quad (5.1)$$

$$w = ch^\eta \quad (5.2)$$

$$\frac{M}{P} = \frac{ic}{1+i} \quad (5.3)$$

$$\beta = \frac{1}{1+i} \quad (5.4)$$

$$c = wh + \varepsilon - g \quad (5.5)$$

$$\Psi = 1 - \frac{1}{\psi} \quad (5.6)$$

[①] 价格加成是指产品生产出来以后，企业会根据成本利润率进行产品销售定价，最终销售价格是生产成本的倍数。例如，中间产品企业的生产价格为 p_t^w，最终产品企业的销售价格为 p_{t+1}，则企业在最终产品的销售价格加成倍数为 $X_{t+1} = p_{t+1}/p_{t+1}^w$。

$$r = \Psi\alpha \frac{q}{k} \frac{a}{a+(1-a)\left(\frac{e}{k}\right)^\theta} \quad (5.7)$$

$$w = \Psi(1-\alpha)\exp(z)\frac{q}{h} \quad (5.8)$$

$$1 = \Psi\alpha \frac{q}{e}(1-a)\frac{\left(\frac{e}{k}\right)^\theta}{a+(1-a)\left(\frac{e}{k}\right)^\theta} \quad (5.9)$$

$$q = \exp(z)\left[ak^\theta+(1-a)e^\theta\right]^{\frac{\alpha}{\theta}} h^{1-\alpha} \quad (5.10)$$

$$c+e+\delta k+g = q \quad (5.11)$$

5.2 模型参数校准

在上述模型系统中，我们采用传统的参数校准方法。上面的模型稳态系统，主要由模型参数、实际经济数据构成，为了能够求解模型的运动方程，我们需要确定模型的主要参数。对于参数确定有多种方法，现有的确定模型参数方法如下：一是微观经济的基础。有一些经济模型的参数，我们可以通过微观经济学的实验理论或者大家普遍接受的观点来确定，比如某个经济范围内的风险厌恶系数 σ，或者经济主体的个人实践偏好参数 ρ，这些参数都具有特定的意义，能够被直接确定出来。二是宏观经济数据。有一些参数反映了实际经济中某些收入的份额，比如劳动收入占整体收入的份额，这些经济意义非常明显的参数在计量经济学和统计学中的含义基本一致，可以计算后直接确定这些参数。三是待定参数。对有些参数的取值争议性比较大，像技术参数 A，政府冲击的概率分布等，通行的办法是采用参数校准的方法。参数校准是指模型计算得到的相关经济变量的估计值能够符合现实中实际经济的观测数据。比如，我们校准的基本目标是劳动时间 h，根据一般的经济理论和模型，劳动时间大约为 $h=1/3$，那么参数的选择最好使最终计算出来的劳动时间等于1/3。这样模型的参数和现实经济的符合程度成为判断模型好坏的一个标准，相关的模型判断标准在文献综述部分给出了详细的讨论。

5.2.1 基本模型参数的校准

根据上述模型的稳态系统，我们求解 7 个基本参数：η 为劳动供给弹性，β 为主观贴现率，中间产品的替代弹性为 $\psi(\psi \geq 1)$，α 为劳动收入在整体收入中所占的份额，a 为中间产品企业资本的使用比例，θ 为中间产品企业资本或者能源产出弹性，δ 为资本的折旧率。模型中包括 10 个主要经济变量：w 为工资水平，c 为消费水平，h 为家庭的劳动时间，$\dfrac{m}{p}$ 为实际货币余额，利率水平为 i，中间产品企业的利润为 ε，政府支出为 g，中间产品企业的实际成本为 Ψ，实际利率水平为 r，产出水平为 q。

在参数校准的过程中，一些比较常见的参数，我们根据别人的相关文献来确定参数值；对于不能确定的参数，我们利用经济中观察到的实际宏观数据作为参数选择的标准，即参数值选取能够使得模型最终稳态值与实际经济数据相符合。校准的方法步骤：先根据实际经济数据计算出稳态值，代入稳态状态方程，求解出参数，这样参数的选择就自动满足了经济的稳态条件。因此，实际参数分为两类：一是模型中已知参数或者能从文献中获取的参数。我们主要使用季度数据来模拟中国经济，因此季度主观贴现率 $\beta = 0.99$，根据欧拉方程我们可以得到稳态的无风险利率 $i = 0.025$；季度折旧率 $\delta = 0.025$，根据季度折旧率可以换算成年折旧率为 1%；劳动力的供给弹性 η 在实际经济中取值为 1~2，假设我国劳动力的供给弹性 $\eta = 1.5$。这些参数取值符合我国经济的现实情况，我们首先固定这些参数取值。二是根据实际经济数据，我们可以获得参数校准的目标矩条件：消费—产出比率 $\dfrac{c}{q}$，能源—资本比率 $\dfrac{e}{k}$，能源—产出比率 $\dfrac{e}{q}$，政府支出—产出比率 $\dfrac{g}{q}$。根据实际数据，可以校准得到剩下参数，校准参数值和主要宏观经济变量的稳态值如表 5-1、表 5-2 所示。

表 5-1　模型的主要参数校准表

劳动份额	主观贴现率	资本使用比例	资本使用弹性	资产折旧率	劳动供给弹性	实际边际成本
α	β	a	θ	δ	η	Ψ
0.38	0.99	0.75	0.2	0.025	1.5	1.2

表 5-2　模型经济变量的稳态取值

实际工资	实际消费	工作时间	货币余额	名义利率	垄断产商利润	政府开支	实际利率	稳态产出	实际边际成本
w	c	h	$\dfrac{m}{p}$	i	ε	g	r	q	Ψ
2.3	3.43	0.33	0.6754	0.0254	0.1023	2.5463	0.054	1.3475	1.2

5.2.2　经济冲击的相关系数估计

根据模型的设定，我们假设了 5 种随机冲击（包括利率冲击、政府支出冲击、技术冲击、货币增长冲击、能源价格冲击），使用实际经济数据来估计这些冲击的一阶回归系数，共有 ρ_z、ρ_m、ρ_e、ρ_g、ρ_π、ρ_i 6 个参数，通过实际数据的估计可以得到相关系数如下：

（1）估计我国货币供给的 Taylor 规则。即估计第 4 章方程（4.26），由 $i_t - i_{ss} = \rho_i(i_{t-1} - i_{ss}) + \rho_\pi(\pi_t - \pi_{ss}) + \varepsilon_{i,t}$，有 $i_t = \rho_i i_{t-1} + \rho_\pi \pi_t + const + \varepsilon_{i,t}$，其中，$const = i_{ss} - \rho_i i_{ss} - \rho_\pi \pi_{ss}$。估计的我国货币供给的 Taylor 规则如下：

$i_t = 1.80129869651 - 0.546443742008 \times \pi_t + 0.914376674213 i_{t-1}$

　　　（0.734495）　　　（5.484911）　　　　　（0.018695）

根据数据估计结果，可以看到我国货币供给的泰勒规则基本符合文献中的一般估计，括号中是系数的标准差，所有的系数都在 5% 统计水平上显著，残差的 LM 检验表明不存在自相关。

（2）我国 TFP 的估计。假设生产函数具有 C-D 的基本形式，我们采用季度数据来估算了我国全素生产率的变化。假设生产函数 $y_t = A_t K_t^\alpha L_t^{(1-\alpha)}$，两边对生产函数取对数,可以得到:$\ln y_t = \ln A_t + \alpha \ln K_t + (1-\alpha) \ln L_t$,方程两边对时间求导,并用计量经济学的模型形式表达:$g_{y,t} = g_{A,t} + \alpha g_{K,t} + (1-\alpha) g_{L,t} + \xi_t$。这里,为了求解方便,定义 $TFP = g_{A,t} + \xi_t$,即假设劳动和资本不能解释的增长部分全部归结于全要素生产率的进步,据此可以得到我国全要素生产率的数据。根据张军、施少华(2003)计算的中国 TFP 指数估计了我国 TFP 的时间序列数据,估计的 TFP 指数模型如下:

$$TFP_t = -0.0461462812429 + 0.940272009732 TFP_{t-1} - 0.563676023514 TFP_{t-2}$$
    (1.151884)   (0.125900)   (0.124506)

据此,可以得到我国 TFP 指数的滞后一阶平滑系数,括号中是系数的标准差,所有的系数都在 5% 统计水平上显著,LM 检验表明不存在自相关。

(3)其他参数的估计。使用中国经济的季度数据,同样估计了外部能源价格序列、政府支出序列以及货币供给序列的时间序列模型,给出了滞后 1 期的模型参数,这些数据估计结果如下。

能源价格序列的估计方程如下:

$$P_{e,t} = 2.84204751767 + 0.995407204604 P_{e,t-1}$$
   (14.23949)   (0.026804)

政府支出的估计方程如下:

$$G_t = -0.404816443074 + 0.875035296757 G_{t-1}$$
   (0.610066)   (0.068855)

我国货币增长的估计方程如下:

$$M_t = -6.26030309225 + 0.893435542223 M_{t-1}$$
   (24.78198)   (0.050980)

根据回归的基本结果,我们可以得到模型中所有参数的冲击系数和标准差,包括我国货币增长冲击、TFP 冲击、政府支出冲击、外部能源冲击以及我国货币政策的 Taylor 规则系数,如表 5-3 所示。数据的构建和模型的相关检验结果在本章附录中。

表 5-3 模型 5 种冲击的估计系数和冲击标准差

主要参数	ρ_m	ρ_z	ρ_g	ρ_e	ρ_π	ρ_i
相关系数	0.893436	0.586968	0.875035	0.995407	-0.546444	0.914346
标准差	24.78198	0.1259	0.068855	0.026804	0.734495	(0.018697)

5.3 模型对数线性化

为了更方便求解模型，本章采用对数线性化的基本技术，对模型的主要优化条件和模型的约束进行对数线性化求解，可以得到模型对应的线性化系统。关于对数线性化的基本理论和方法在文献综述中有较详细的说明，相关的方法和理论这里不再综述。假设经济变量为 X_t，$\hat{X}_t = \ln X_t - \ln \overline{X}$，其中，$\overline{X}$ 表示随机变量在 t 时刻的稳态值，根据实际经济意义，$\hat{X}_t$ 表示变量 X_t 与均衡位置 $\overline{X}$ 的对数偏离，即以百分比度量的 X_t 偏离稳态 $\overline{X}$ 的位置。根据 Hrald Uhlig 的对数线性化的基本方法，我们可以较快地得到整个模型的对数线性化系统。

5.3.1 消费者问题的对数线性化

本章对第 4 章优化问题得到的模型线性化，结果如下：

$$\hat{w}_t - \hat{c}_t = \eta \, \hat{h}_t \tag{5.12}$$

$$\hat{M}_t - \hat{p}_t - \hat{c}_t = \left(\frac{1}{i} - 1\right)\hat{i}_t \tag{5.13}$$

$$\hat{p}_t + \hat{c}_t - E_t(\hat{p}_{t+1} + \hat{c}_{t+1}) = -\hat{i}_t \tag{5.14}$$

$$c\hat{c}_t + \frac{B}{P}(\hat{B}_t - \hat{p}_t) + \frac{M}{P}(\hat{M}_t - \hat{p}_t) = \hat{w}_t + \hat{h}_t + (1 + \hat{i}_{t-1})\frac{B}{P} + \frac{M}{P}(\hat{M}_{t-1} - \hat{p}_t) + \hat{\varepsilon}_t - \hat{\tau}_t \tag{5.15}$$

5.3.2 最终产品企业的对数线性化

$$\hat{r}_t = \hat{q}_t + \hat{\Psi}_t + (\theta-1)\hat{k}_{t-1} - \frac{a\theta k^\theta}{ak^\theta + (1-a)e^\theta}\hat{k}_{t-1} - \frac{(1-a)\theta e^\theta}{ak^\theta + (1-a)e^\theta}\hat{e}_t \quad (5.16)$$

$$\hat{w}_t = \hat{\Psi}_t + \hat{q}_t - \hat{h}_t + \hat{z}_t \quad (5.17)$$

$$\hat{p}_{e,t} = \hat{q}_t + \hat{\Psi}_t + (\theta-1)\hat{e}_t - \frac{a\theta k^\theta}{ak^\theta + (1-a)e^\theta}\hat{k}_{t-1} - \frac{(1-a)\theta e^\theta}{ak^\theta + (1-a)e^\theta}\hat{e}_t \quad (5.18)$$

$$\hat{q}_t = \hat{z}_t + \frac{(1-a)\alpha e^\theta}{ak^\theta + (1-a)e^\theta}\hat{e}_t + \frac{a\alpha k^\theta}{ak^\theta + (1-a)e^\theta}\hat{k}_{t-1} + (1-\alpha)\hat{h}_t \quad (5.19)$$

5.3.3 中间产品企业的对数线性化

中间产品企业的对数线性化比较麻烦，我们要使用准差分的方法来去掉模型无穷求和的问题。我们根据最终产品企业的定价规则，代入到中间产品企业的最优化问题求解，从而可以得到粘性价格条件下价格运动的规则，即著名的新凯恩斯主义菲利普斯曲线。中间产品企业的对数线性化过程比较复杂，本章附录中给出详细的推导。

$$\hat{p}_t = \rho\hat{p}_{t-1} + (1-\rho)\hat{p}_t^* \quad (5.20)$$

$$\hat{p}_t^* = (1-\beta\rho)E_t\sum_{i=0}^{+\infty}\beta^i\rho^i(\hat{p}_{t+i} + \hat{\Psi}_{t+i}) \quad (5.21)$$

根据式（5.20）和式（5.21）[①]，可以得到新凯恩主义菲利普斯曲线方程：

$$\hat{p}_t - \hat{p}_{t-1} = \beta E_t[\hat{p}_{t+1} - \hat{p}_t] + \frac{(1-\rho)(1-\beta\rho)}{\rho}\hat{\Psi}_t \quad (5.22)$$

如果我们重新定义：

$$\hat{\pi}_t = \hat{p}_t - \hat{p}_{t-1}$$

可以得到常见的在粘性价格条件下菲利普斯曲线：

$$\hat{\pi}_t = \beta E_t\hat{\pi}_{t+1} + \frac{(1-\rho)(1-\beta\rho)}{\rho}\hat{\Psi}_t \quad (5.23)$$

---

① 式（5.20）和式（5.21）分别是第 4 章式（4.15）和式（4.23）推导过程的中间步骤，具体在本章附录中。

如果定义产出缺口：$\hat{q}_t = q_t - q$，可以得到产出和通货膨胀之间的关系：

$$\hat{\pi}_t = \beta E_t \hat{\pi}_{t+1} + \kappa \hat{q}_t$$

其中，$\kappa = \dfrac{(1-\rho)(1-\beta\rho)}{\rho}\Phi$。

5.3.4 政府预算平衡的线性化

$$g\hat{g}_t = \frac{M}{P}(\hat{M}_{t-1} - \hat{p}_t) + \tau \hat{\tau}_t \tag{5.24}$$

5.3.5 中央银行货币政策规则的线性化

$$\hat{i}_t = \rho_i \hat{i}_{t-1} + \rho_\pi \hat{\pi}_t + \hat{\varepsilon}_{i,t} \tag{5.25}$$

$$\hat{M}_t = \hat{M}_{t-1} + \hat{g}_{m,t} \tag{5.26}$$

5.3.6 资本运动方程的线性化

$$x\hat{x}_t = k\hat{k}_t - (1-\delta)k\hat{k}_{t-1} \tag{5.27}$$

5.3.7 资源约束方程的线性化

$$c\hat{c}_t + \hat{p}_{e,t} p_e + e\hat{e}_t + x\hat{x}_t + g\hat{g}_{g,t} = q\hat{q}_t \tag{5.28}$$

5.3.8 经济冲击的线性化

$$\hat{g}_{m,t} = \rho_m \hat{g}_{m,t-1} + \hat{\varepsilon}_{m,t} \tag{5.29}$$

$$\hat{p}_{e,t} = \rho_e \hat{p}_{e,t-1} + \hat{\varepsilon}_{e,t} \tag{5.30}$$

$$\hat{z}_t = \rho_z \hat{z}_{t-1} + \hat{\varepsilon}_{z,t} \tag{5.31}$$

$$\log\hat{g}_{g,t} = \rho_g \hat{g}_{g,t-1} + \hat{\varepsilon}_{g,t} \tag{5.32}$$

综合上面对数线性化过程和公式简化，我们可以得到能源冲击的新凯恩斯主义一般均衡模型的对数线性化模型系统：

$$\hat{w}_t - \hat{c}_t = \eta \hat{h}_t \tag{5.12}$$

$$\hat{M}_t - \hat{p}_t - \hat{c}_t = \left(\frac{1}{i} - 1\right)\hat{i}_t \tag{5.13}$$

$$\hat{p}_t + \hat{c}_t - E_t(\hat{p}_{t+1} + \hat{c}_{t+1}) = -\hat{i}_t \quad (5.14)$$

$$\hat{\pi}_t = \beta E_t \hat{\pi}_{t+1} + \frac{(1-\rho)(1-\beta\rho)}{\rho} \hat{\Psi}_t \quad (5.23)$$

$$c\hat{c}_t + \frac{B}{P}(\hat{B}_t - \hat{p}_t) + \frac{M}{P}(\hat{M}_t - \hat{p}_t) = \hat{w}_t + \hat{h}_t + (1+\hat{i}_{t-1})\frac{B}{P} + \frac{M}{P}(\hat{M}_{t-1} - \hat{p}_t) + \hat{\varepsilon}_t - \hat{\tau}_t$$
$$(5.15)$$

$$\hat{r}_t = \hat{q}_t + \hat{\Psi}_t + (\theta-1)\hat{k}_{t-1} - \frac{a\theta k^\theta}{ak^\theta + (1-a)e^\theta}\hat{k}_{t-1} - \frac{(1-a)\theta e^\theta}{ak^\theta + (1-a)e^\theta}\hat{e}_t \quad (5.16)$$

$$\hat{w}_t = \hat{\Psi}_t + \hat{q}_t - \hat{h}_t + \hat{z}_t \quad (5.17)$$

$$\hat{p}_{e,t} = \hat{q}_t + \hat{\Psi}_t + (\theta-1)\hat{e}_t - \frac{a\theta k^\theta}{ak^\theta + (1-a)e^\theta}\hat{k}_{t-1} - \frac{(1-a)\theta e^\theta}{ak^\theta + (1-a)e^\theta}\hat{e}_t \quad (5.18)$$

$$\hat{q}_t = \hat{z}_t + \frac{(1-a)\alpha e^\theta}{ak^\theta + (1-a)e^\theta}\hat{e}_t + \frac{a\alpha k^\theta}{ak^\theta + (1-a)e^\theta}\hat{k}_{t-1} + (1-\alpha)\hat{h}_t \quad (5.19)$$

$$\hat{i}_t = \rho_i \hat{i}_{t-1} + \rho_\pi \hat{\pi}_t + \hat{\varepsilon}_{i,t} \quad (5.25)$$

$$\hat{M}_t = \hat{M}_{t-1} + \hat{g}_{m,t} \quad (5.26)$$

$$x\hat{x}_t = k\hat{k}_t - (1-\delta)k\hat{k}_{t-1} \quad (5.27)$$

$$c\hat{c}_t + \hat{p}_{e,t}p_e + e\hat{e}_t + k\hat{k}_t - (1-\delta)k\hat{k}_{t-1} + g\hat{g}_{g,t} = q\hat{q}_t \quad (5.28)$$

$$\hat{p}_{e,t} = \rho_e \hat{p}_{e,t-1} + \hat{\varepsilon}_{e,t} \quad (5.30)$$

$$\hat{g}_{m,t} = \rho_m \hat{g}_{m,t-1} + \hat{\varepsilon}_{m,t} \quad (5.29)$$

$$\log \hat{g}_{g,t} = \rho_g \hat{g}_{g,t-1} + \hat{\varepsilon}_{g,t} \quad (5.32)$$

根据上面的模型系统，我们可以得到 16 个内生变量，即 w_t、c_t、h_t、M_t、i_t、π_t、r_t、Ψ_t、q_t、k_t、e_t、z_t、$g_{m,t}$、p_t、$g_{g,t}$、$p_{e,t}$，5 个外生变量，即 $\varepsilon_{i,t}$、$\varepsilon_{m,t}$、$\varepsilon_{z,t}$、$\varepsilon_{g,t}$、$\hat{\varepsilon}_{e,t}$，模型共有 16 个线性方程组，我们可以使用 MATLAB DYNARE4.3 软件求解方程组，并模拟能源冲击、货币增长冲击、财政政策冲击、生产技术冲击、政府支出冲击对经济的影响，比较模型经济对实际经济的拟合程度，评价模型对实际经济的建模效果。

5.4 经济冲击效应分解

利用 DSGE 模型求解出模型之后，我们就能够分析各种经济冲击对经济变量的影响，观察各种冲击来临之后，实际经济变量在这种冲击下的动态影响，既可以观察某一个经济冲击对实际经济变量的影响，也可以观察多个冲击组合对实际经济变量的影响。与实际数据的分析不同，实际数据中我们观察到的宏观变量波动是多种因素综合作用的结果，不能单独分析某个经济冲击对模型中内生变量的影响。DSGE 模型能够帮助我们分析各种不同冲击对实际经济变量的影响，这也是模型的主要优势。

我们主要分析 5 种经济冲击（能源冲击、货币增长冲击、财政政策冲击、生产技术冲击、政府支出冲击）对产出、资本、消费、物价水平 4 个变量的影响情况。表 5-4 中给出了模型对我国主要宏观变量波动性的模拟结果，表 5-4 中第 1 列表示主要经济变量，这些经济变量的主要单位是标准差，即偏离稳态的百分比大小。表 5-4 中第 2 列是实际经济数据中可以得到的宏观经济变量的标准差，经过 HP 滤波处理之后，也用百分比来衡量。表 5-4 中第 3 列给出了所有冲击均存在时模型主要变量的标准差，表 5-4 中第 4 列、第 5 列、第 6 列、第 7 列、第 8 列给出了能源价格冲击、技术冲击、利率冲击、货币增长冲击、政府支出冲击所解释的宏观变量的主要冲击份额。从所有冲击对主要宏观经济变量的解释能力来说，模型的拟合效果较好。

表 5-4　我国主要宏观经济变量波动率的模拟结果

Variable 标准差	Data	All shocks	$\hat{\varepsilon}_{e,t}$	$\varepsilon_{z,t}$	$\varepsilon_{i,t}$	$\varepsilon_{m,t}$	$\varepsilon_{g,t}$
q_t	4.654	5.536	1.303	2.43	0.756	0.005	1.042
c_t	1.256	2.479	1.254	0.002	0.021	0.001	1.201
k_t	4.546	4.941	1.562	1.023	0.332	0.021	2.003
π_t	1.224	1.26	0.102	0.065	0.652	0.036	0.705

（1）主要宏观经济变量产出、消费、资本和通货膨胀的模拟结果。资本形成和通货膨胀模型的模拟结果和实际数据波动拟合程度超过 70%，消费和产出的模拟结果高于实际经济数据的波动。我国产出的数据波动为 4.654%，经济模拟结果为 5.536%；我国消费的经济数据波动为 1.256%，模

型模拟结果为 2.479%；资本存量的拟合程度较好，数据波动为 4.546%，模型模拟结果为 4.941%；通货膨胀的拟合程度较好，数据波动为 1.224%，模型模拟结果为 1.268%。

模型整体冲击拟合程度说明了模型设定基本正确，反映模型整体设定效果较好。产出和消费的模拟结果较差，可能需要对我国居民消费的能源因素进行分析，我国消费的异质性较大，特别是城乡居民的消费程度不一样，模型采用标准的分析方法可能导致结果高估。实际数据表现出的消费波动程度较低，反映了我国消费比较稳定的现状。产出的波动程度高估与消费的高估是一致的，因为我们采用的是支出法表示的产出水平，当消费波动的模拟结果较高时，产出波动也将高估。资本形成和通货膨胀的模拟结果较好，显示了我国能源冲击等经济冲击对实体经济的影响，引入能源冲击之后，更好地解释了我国资本形成和物价水平的变动，这正是本书分析的目的所在。

（2）经济冲击对我国主要宏观经济变量的影响分析。表 5-5 计算了 5 种经济冲击对我国主要宏观经济变量波动的解释程度，表 5-5 中第 2 列表示模型冲击与实际经济数据冲击的比较，反映了模型对实际经济变量的解释程度，与上面的分析相一致，模型解释了产出的 118.951% 和消费的 197.373%，解释程度较好，但是对资本和通胀的解释程度较好，分别为 108.689%、103.451%。

表 5-5　经济冲击对我国主要宏观经济变量的解释程度　　单位:%

Variable 标准差	$\dfrac{\sigma(\text{model})}{\sigma(\text{data})}$	$\dfrac{\hat{\varepsilon}_{e,t}}{Data}$	$\dfrac{\hat{\varepsilon}_{z,t}}{Data}$	$\dfrac{\hat{\varepsilon}_{i,t}}{Data}$	$\dfrac{\hat{\varepsilon}_{m,t}}{Data}$	$\dfrac{\hat{\varepsilon}_{g,t}}{Data}$
q_t	114.951	17.997	52.213	16.244	0.107	18.822
c_t	112.373	19.841	40.45	1.672	40.580	8.447
k_t	108.689	34.360	22.503	7.303	0.462	40.538
π_t	103.451	28.333	5.310	23.268	32.941	15.192

首先，对产出来说，技术冲击是影响产出的绝对因素，达到了 52.213%，政府支出冲击解释了产出波动的 18.822%，能源冲击解释了产出波动 17.997%，利率冲击和货币增长冲击的解释稍微不足。这反映了我国经济

增长的主要来源是技术进步，同时政府在经济中的作用较大。就能源冲击来讲，能源对产出的影响较大，平均影响程度在18%左右。

其次，对消费来说，各种冲击对消费的影响解释力较好。影响消费的主要冲击是货币增长冲击，说明名义收入的增长会影响家庭的消费。技术冲击和能源冲击对消费波动的解释程度分别为40.45%、19.841%，反映了技术进步和能源对居民消费的影响。利率和政府支出冲击对消费的解释力度不强，与实际经济比较符合。

再次，就资本存量来说，我们可以看到政府支出、能源进口对资本形成具有十分重要的作用，分别解释了资本存量波动的40.538%、34.360%，说明了我国资本存量的形成与政府公共支出的关系紧密，从能源影响资本形成的角度来说，能源对资本存量形成有显著的作用，说明我国处于一个工业化进程之中，能源对物质资本形成起重要作用。这些都与我国的实际经济现状是符合的。资本存量的波动很少受到利率和货币增长冲击，反映了货币政策对资本存量的影响微弱。

最后，对物价波动来说，利率和货币增长对通货膨胀的影响仍然是最大的，分别解释了通货膨胀波动的23.268%、32.941%。我们可以看到能源价格波动在物价波动中的比例较大，几乎与货币增长冲击带来的影响相同，说明能源价格对我国通货膨胀的影响是非常显著的。除了能源和货币冲击，政府支出冲击对物价水平也有较大程度的影响。

（3）单个经济冲击对产出和物价水平的影响。为了更清晰地反映单个冲击对主要宏观变量的影响，我们给出了经济冲击对产出和通货膨胀的影响分析。图5-1左图反映了分别受到5种冲击影响产出的变化趋势，可以看到和上面分析相近的结果，技术冲击对产出的解释程度最好，投资冲击的波动程度更大，政府支出冲击与产出波动的走势相一致。

图5-1右图反映了我国通货膨胀受到货币增长、技术冲击和政府支出冲击以及能源冲击的影响，其影响结果与上面的分析相一致，这里不再重复论述。能源价格波动导致的价格波动在前期拟合程度较好，但是在后期能源冲击下的物价波动幅度更大，反映了能源冲击对我国物价水平的影响发生了变化。

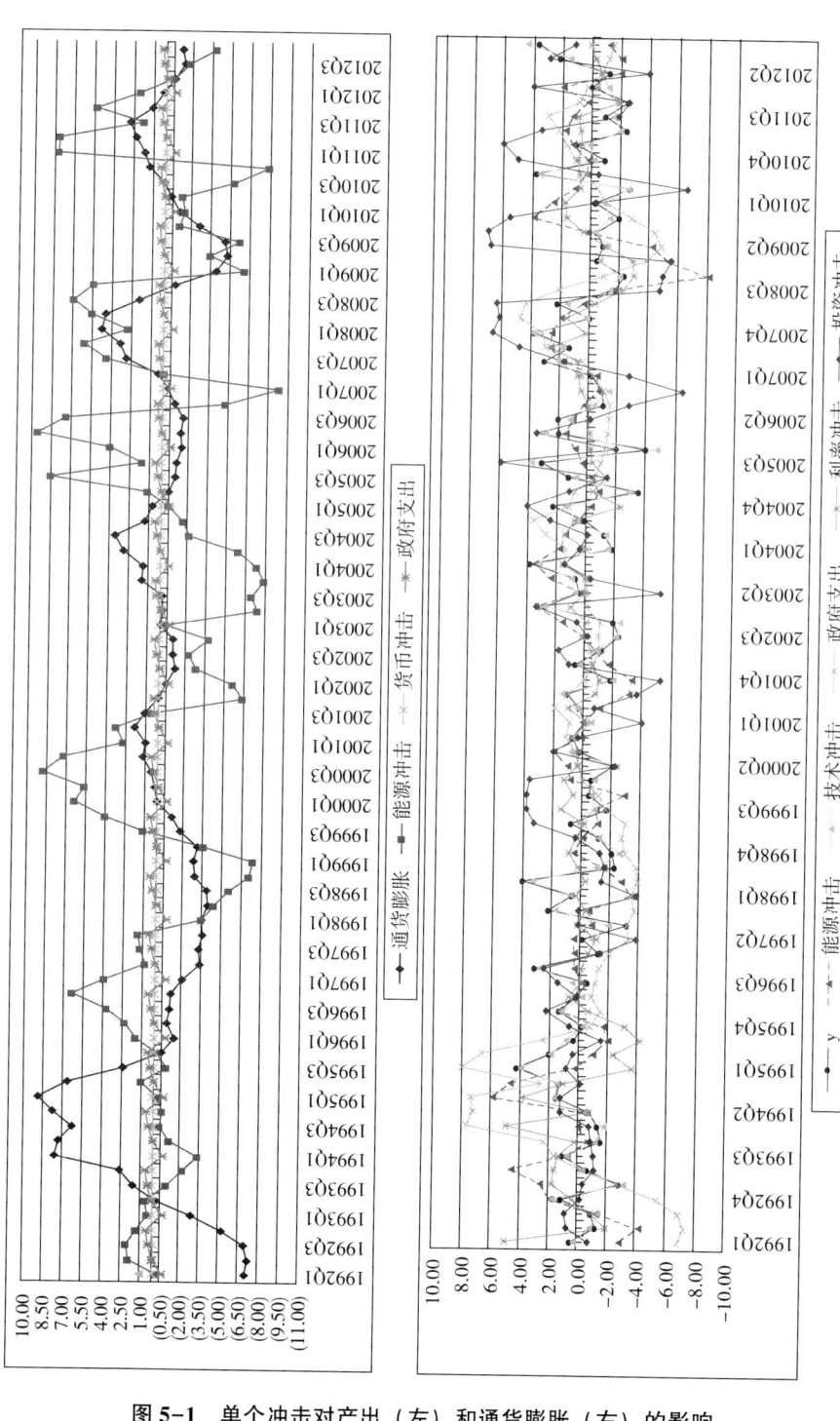

图 5-1　单个冲击对产出（左）和通货膨胀（右）的影响

资料来源：统计年鉴。

（4）能源价格冲击、技术冲击的脉冲响应函数。图5-2给出了能源价格冲击对主要宏观经济变量的脉冲响应函数图。我们模拟的时间周期为40月度，选择的主要宏观经济变量包括消费、劳动时间、资本、物价水平、利率水平、工资水平6个变量，假设在0期能源价格冲击为1，其他经济冲击为0，可以看到消费在5个月度之内不断下降，在5个月度后消费开始上升，大约20个月度之后消费开始趋向稳定，总体上能源冲击对消费的影响是负面的。能源冲击对资本形成的影响首先下降，10个月之后开始回复到均衡水平。利率和工资水平的变化趋势相一致，利率回归到均衡位置的速度更快，工资受到粘性影响会比较缓慢。对于价格水平来说，能源冲击显著提高了价格水平，当其价格水平上升3%，前5个月内价格水平继续走高，5个月之后价格水平开始缓慢下降，价格的粘性效应非常明显。

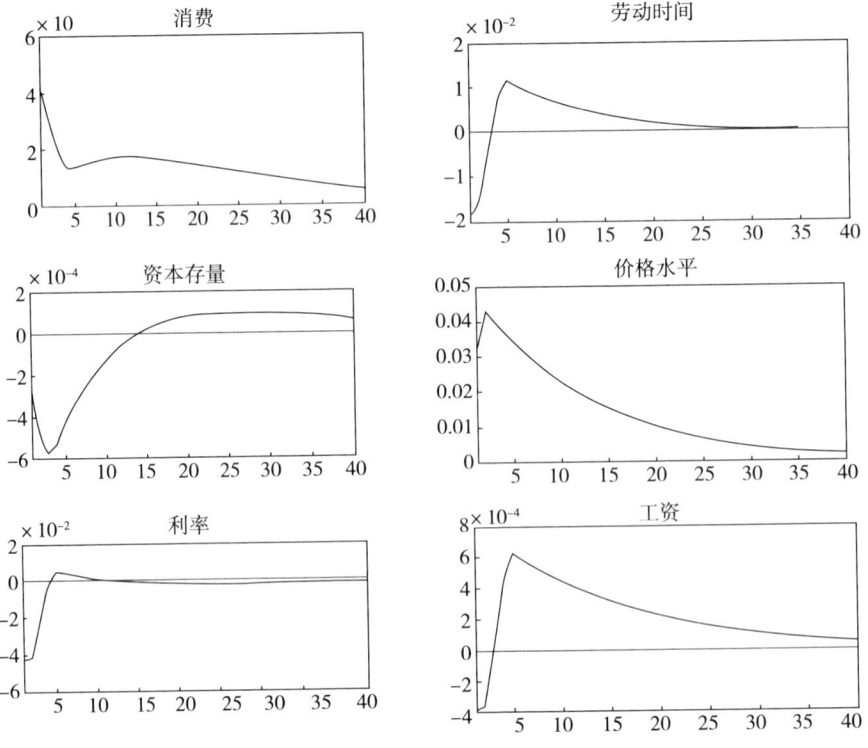

图5-2 外部能源冲击对主要宏观变量的脉冲响应函数（40个月）

图 5-3 反映了技术冲击对我国主要宏观变量的影响。技术冲击的设定和上面一致,技术冲击对主要宏观经济变量的影响与经济理论相符合,消费水平会上升,劳动时间会下降,资本积累会增加,利率水平和工资水平会持续下降,产出在当期会增加,然后缓慢下降,经过 40 个月左右回复到均衡水平。

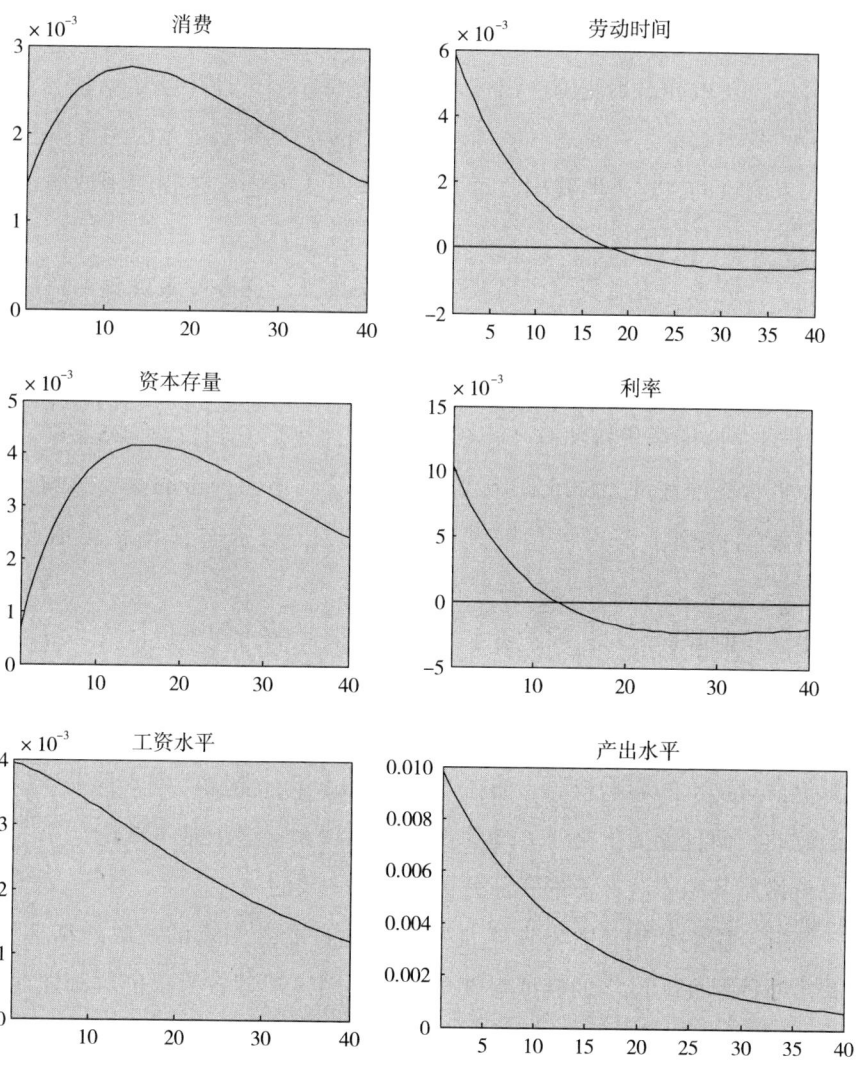

图 5-3 技术冲击对主要宏观变量的脉冲响应函数(40 个月)

5.5 本章小结

本章利用第4章建立的包含能源因素的新凯恩斯主义的一般均衡模型，对我国宏观经济主要变量进行了模拟分析，并得到了能源冲击对我国产出水平和物价水平的影响。总结起来，主要有以下基本结论：

第一，技术冲击是我国产出波动的最重要原因。这个基本结论与第3章分析的基本结论是一致的，我国产出波动的绝大部分是无法用资本和劳动投入来测算的，这表明我国改革开放以来，技术进步是我国经济增长的重要来源，也是我国经济大幅波动的重要原因。

第二，能源冲击对我国产出波动有重要贡献，能源冲击解释了产出波动17.997%。能源冲击对产出水平的影响时间大约是15个月，在前5个月能源冲击会导致产出下降，在5~10个月产出会重新适应并迅速增加，大约15个月之后能源价格冲击开始减弱，产出水平回复到长期均衡水平。从能源冲击对资本存量的解释来看，资本形成受到能源冲击的重要影响，能源价格波动占到了资本存量波动的34.360%，对资本存量积累有重要影响。

第三，能源冲击对我国物价水平具有重要影响，能源价格波动解释了我国物价水平波动的28.333%。外部能源价格冲击对我国价格水平的影响分为前后两个时期，1992~2001年，能源价格冲击与物价水平基本一致，能源价格对物价的影响较弱，而在2002~2012年，能源价格本身发生了剧烈的波动，而且能源价格对CPI的贡献越来越大。这个基本结论与第3章能源价格对我国宏观经济的实证分析结果是一致的。

第四，我们使用新凯恩斯主义框架下包含能源因素的一般均衡模型，改善了对我国实际经济的模拟程度，可以使用该模型较为稳健刻画能源冲击对我国实际经济的影响。同时我们看到，我国的价格粘性非常明显，根据货币经济学的观点，货币政策之所以能够影响实体经济，主要是因为经济中的价格粘性存在，价格调整无法迅速来消化货币供给。根据模型的模拟结果，我们可以看到我国价格水平的粘性周期超过40个月，能源价格冲击在 6 个月左右达到最高，经过 40 个月左右才回复到均衡水平。同时，我们还得到了关于能源价格冲击对我国经济中其他主要宏观变量的影响，在这里我们不再综述。

本章附录

1. 经济冲击的数据来源和回归统计量

在本章经济冲击的滞后系数估计中，我们使用了政府支出、利率、通货膨胀、货币供给以及我国 TFP 指数。下面详细介绍这些数据的来源和数据处理的过程。

（1）实际 GDP。数据来源于中经网统计数据库的季度数据，由于国家统计局自 1992 年起公布了我国季度名义 GDP 的数据的累计值，我们对数据进行了修正，采用差分的办法得到名义 GDP 的数据，并采用 X_{12} 方法对数据进行了季节调整，我们得到了不含季节因素的名义 GDP 数据。

国家统计局公布了我国消费者价格指数（CPI）的月度数据，我们采用月度平均的办法将数据转化为季度数据，同样采用 X_{12} 的季节平滑办法，得到了我国消费者价格指数序列。利用消费者价格指数序列，对名义 GDP 数据进行了调整，得到了去除价格变化的实际 GDP 数据。

（2）利率。利率数据来自于中经网统计数据库（CEIC），CHIBOR 银行间同业拆借利率月度数据，根据 3 个月平均可以获得季度数据。通货膨胀的数据主要采用国家统计局公布的月度 CPI 计算而来。

（3）TFP 指数。我国全要素生产率的估计，在文献上有很多的相关内容，对我国全要素生产率（TFP）的计算方法也很多，相关的文献包括张军、施少华（2003），邓力群（2011），钟惠波、许培源（2011）等。文章采用张军、施少华（2003）计算的 TFP 指数进行序列分析。对于指数序列具有明显的趋势，我们采用 HP 滤波的基本方法，将时间序列的趋势项予以去除。

（4）政府支出、货币存量 M1。数据来源于国家统计局，我们对数据采取了 HP 滤波的基本方法，将时间序列的趋势项予以去除，同时采用 X_{12}

的方法去除了季节因素的影响。根据对实际数据观察，2004年之前政府支出的数据相对平稳，2004~2012年的政府支出数据存在较大的波动，去除了这些异常值。

货币存量的月度数据来自于中经网统计数据库，我们对原始数据进行月度平均得到季节数据，随后采用X_{12}的方法去除了季节因素的影响，并根据CPI对货币存量进行了价格剥离。同样我们对数据采用了HP滤波去除时间序列趋势。相关的LM检验见表5-6。

表5-6 模型冲击相关系数估计及LM检验

i_t	Coefficient	Std. Error	t-Statistic	Prob.
Phi	-0.54644	0.734495	-0.09963	0.921
C	1.801299	5.484911	2.452432	0.017
AR（1）	0.914377	0.018695	48.91075	0
F-statistic	2.736965			0.1727
Obs * R-squared	5.434904			0.166
TFP_t	Coefficient	Std. Error	t-Statistic	Prob.
C	-0.04615	1.151884	-0.04006	0.9682
AR（1）	0.940272	0.1259	7.468387	0
AR（2）	-0.56368	0.124506	-4.52729	0
F-statistic	2.736965			0.2347
Obs * R-squared	5.434904			0.4576
P_e	Coefficient	Std. Error	t-Statistic	Prob.
C	2.842048	14.23949	0.199589	0.8423
AR（1）	0.995407	0.026804	37.13681	0
F-statistic	2.736965			0.5426
Obs * R-squared	5.434904			0.3458
g_t	Coefficient	Std. Error	t-Statistic	Prob.
C	-0.40482	0.610066	-0.66356	0.5095

续表

i_t	Coefficient	Std. Error	t-Statistic	Prob.
AR（1）	0.875035	0.068855	12.70834	0
F-statistic	2.736965			0.6743
Obs*R-squared	5.434904			0.5642
m_t	Coefficient	Std. Error	t-Statistic	Prob.
C	-6.2603		-0.25262	0.8012
AR（1）	0.893436	24.78198	17.52512	0
F-statistic	2.736965	0.05098		0.1664
Obs*R-squared	5.434904			0.2645

注：经济时间序列数据来自国家统计局的季度数据，表中给出了回归结果，包括回归系数和标准差，并给出了系数的 p 值。同时由于是时间序列数据，我们进行了相应的数据季节性调整，并对数据的残差进行了 LM 检验，模型检验结果标注在表中。

2. 式（5.20）的推导

根据最终产品企业的定价规则：

$$p_t = \left[\rho p_{t-1}(v)^{1-\psi} + (1-\rho) p_t^{*\,1-\psi}\right]^{\frac{1}{1-\psi}}$$

根据对数线性化的基本方法，同时根据均衡状态价格满足：

$$p_{t-1}(v) = p_t(v) = p_t^*(v)$$

$$p^{1-\psi}[1+(1-\psi)]\hat{p} = \rho p^{1-\psi}[1+(1-\psi)]\hat{p}_{t-1} + (1-\rho)p^{1-\psi}[1+(1-\psi)\hat{p}_t^*]$$

上面公式可以近似化为：

$$\hat{p}_t = \rho \hat{p}_{t-1} + (1-\rho)\hat{p}_t^* \qquad (5.20)$$

3. 式（5.21）的推导

中间产品企业最优化问题的一阶条件如下：

$$E_t \sum_{i=0}^{+\infty} \beta^i \rho^i q_{t+i} \left(p_t^* - \frac{\psi}{\psi-1} \Psi_{t+i} p_{t+i} \right) = 0$$

将上面的公式分开，分别对等式两边进行对数线性化：

$$E_t \sum_{i=0}^{+\infty} \beta^i \rho^i q_{t+i} p_t^* = \frac{\Psi}{\Psi-1} E_t \sum_{i=0}^{+\infty} \beta^i \rho^i q_{t+i} \psi_{t+i} p_{t+i}$$

等式左边对数线性化为：

$$E_t \sum_{i=0}^{+\infty} \beta^i \rho^i q_{t+i} p_t^* = E_t \sum_{i=0}^{+\infty} \beta^i \rho^i qp^* (1 + \hat{q}_{t+i} + \hat{p}_{t+i}^*)$$

$$= \frac{qp^*}{1-\beta\rho} E_t \sum_{i=0}^{+\infty} \beta^i \rho^i (1 + \hat{q}_{t+i} + \hat{p}_{t+i}^*)$$

等式右边对数线性化，舍去高阶无穷小项，可以得到：

$$\frac{\psi}{\psi-1} E_t \sum_{i=0}^{+\infty} \beta^i \rho^i q_{t+i} \Psi_{t+i} p_{t+i} = \frac{\psi}{\psi-1} E_t \sum_{i=0}^{+\infty} \beta^i \rho^i q\Psi p (1 + \hat{q}_{t+i} + \hat{p}_{t+i}^* + \hat{\Psi}_{t+i})$$

根据稳态位置可得：$\Psi \frac{\psi}{\psi-1} = 1$，等式右边对数线性化：右边 $= \frac{qp}{1-\beta\rho} E_t \sum_{i=0}^{+\infty} \beta^i \rho^i (1 + \hat{q}_{t+i} + \hat{p}_{t+i}^* + \hat{\Psi}_{t+i})$，稳态情况下 $p_t^* = p_t$，等式左右两边相等的时候，可以化简得到：

$$\hat{p}_t^* = (1-\beta\rho) E_t \sum_{i=0}^{+\infty} \beta^i \rho^i (\hat{p}_{t+i} + \hat{\Psi}_{t+i}) \tag{5.21}$$

4. 价格运动方程（新凯恩斯主义菲利普斯曲线）的推导

下面我们将根据上面价格运动方程，利用标准差分的方法推导出新凯恩斯主义菲利普斯曲线。将式（5.21）代入方程（5.20），我们可以得到关于 $\hat{p}_t$ 和 $\hat{\Psi}_{t+i}$ 的价格运动方程：

$$\hat{p}_t = \rho \hat{p}_{t-1} + (1-\rho)(1-\beta\rho) E_t \sum_{i=0}^{+\infty} \beta^i \rho^i (\hat{p}_{t+i} + \hat{\Psi}_{t+i})$$

采用差分算子的基本方法可以求解无穷和，并舍去高阶项，可以得到新凯恩斯主义菲利普斯曲线方程。假设滞后算子为 L，方程两边同时乘以 $1-\beta\rho L^{-1}$，根据滞后算子的运算规则：$LX_t = X_{t-1}$，$L^{-1}X_t = X_{t+1}$，因此方程左边：

$$(1-\beta\rho L^{-1})\hat{p}_t = \hat{p}_t - \beta\rho \hat{p}_{t+1}$$

将 $1-\beta\rho L^{-1}$ 乘以方程右边：

$$(1-\beta\rho L^{-1})\rho \hat{p}_{t-1} + (1-\beta\rho L^{-1})(1-\rho)(1-\beta\rho) E_t \sum_{i=0}^{+\infty} \beta^i \rho^i (\hat{p}_{t+i} + \hat{\Psi}_{t+i})$$

$$= \rho \hat{p}_{t-1} + \beta\rho^2 \hat{p}_t (1-L^{-1}) + (1-\rho)(1-\beta\rho) E_t \sum_{i=0}^{+\infty} \beta^i \rho^i (\hat{p}_{t+i} + \hat{\Psi}_{t+i}) +$$

$$\beta\rho(1-\rho)(1-\beta\rho)E_t\sum_{i=0}^{+\infty}\beta^i\rho^i(\hat{p}_{t+1+i}+\hat{\Psi}_{t+1+i})$$

方程两边不断加总，舍去高阶项，可以到下面的公式：

$$\hat{p}_t-\beta\rho\hat{p}_{t+1}\approx\rho\hat{p}_{t-1}+\beta\rho^2\hat{p}_t+(1-\rho)(1-\beta\rho)(\hat{p}_t+\hat{\Psi}_t)$$

上述公式可以改写为：

$$\hat{p}_t-\hat{p}_{t-1}=\beta E_t[\hat{p}_{t+1}-\hat{p}_t]+\frac{(1-\rho)(1-\beta\rho)}{\rho}\hat{\Psi}_t \tag{5.22}$$

根据习惯，文献上习惯使用 π_t 来表示价格水平的变化，如果重新定义：

$$\hat{\pi}_t=\hat{p}_t-\hat{p}_{t-1}$$

可以得到在粘性价格条件下的菲利普斯曲线：

$$\hat{\pi}_t=\beta E_t\hat{\pi}_{t+1}+\frac{(1-\rho)(1-\beta\rho)}{\rho}\hat{\Psi}_t \tag{5.23}$$

经济处于均衡状态，实际边际成本和产出缺口一一对应，可以进一步化简上面的公式：$\hat{\Psi}_t=\Phi(q_t-q)$，我们定义产出缺口为产量偏离稳态的位置：$\hat{q}_t=q_t-q$，Φ 表示产出和实际边际成本的参数，可以得到通常意义上的通货膨胀和产出缺口之间的菲利普斯曲线：

$$\hat{\pi}_t=\beta E_t\hat{\pi}_{t+1}+\frac{(1-\rho)(1-\beta\rho)}{\rho}\Phi(q_t-q)$$

重新定义参数 $\kappa=\frac{(1-\rho)(1-\beta\rho)}{\rho}\Phi$，由参数取值可知 $\kappa>0$，我们可以得到通货膨胀和产出缺口是正相关的：

$$\hat{\pi}_t=\beta E_t\hat{\pi}_{t+1}+\kappa\hat{q}_t$$

第❻章
应对中国经济能源价格波动的政策建议

本书在新凯恩斯主义动态随机一般均衡（NK-DSGE）的框架下，分析了外部能源价格波动对中国宏观经济的影响，刻画了各种经济冲击影响我国主要宏观变量的动态特征，本书构建了分析我国能源政策的一般均衡模型，并对能源价格冲击之外的其他冲击进行了分析。

6.1 本书主要研究结论

中国经济高速发展，保持了连续30年高速增长的奇迹，彻底改变了中国经济的面貌。除了中国经济高速增长的趋势问题值得关注，中国宏观经济的波动问题也值得研究。本书以RBC经济周期波动理论为基础，构建了一个包含能源因素的新凯恩斯主义的动态随机一般均衡模型（NK-DSGE），分析了能源市场价格波动对我国主要宏观经济变量的影响，将能源冲击对实际经济的数量影响进行了模拟，构造了分析中国能源政策的宏观经济学模型，对于我国主要宏观经济变量的周期性特征具有重要的理论意义和实践意义。

本书的主要结论如下：

第一，技术因素是中国经济增长的重要因素，也是中国经济周期波动的重要因素。我国GDP产出的年均波动幅度大约在0.8%，相对于产出年均增长10%来说，经济周期波动幅度占GDP增长幅度的比例大约是8/1000，因此，中国宏观经济不仅具有较好的增长表现，也有相对好的波动表现。我国宏观经济优良的表现来源于制度改革，体现了经济增长理论"技术进步是经济持久增长动力"的观点。

第二，我国能源市场受到外部因素绝对影响，特别是国外石油市场供给状况。中国能源结构的基本特征是多煤少油、能源需求和供给区域分离、石油需要大量进口。从中国能源消费来看，1993~2012 年我国能源消费相对于 GDP 的弹性系数均在 20% 以上，2002~2004 年能源消费相对于 GDP 的弹性达到 1.6，即实际能源消费增长 1.6 个百分点才能维持 GDP 1 个百分点的增长。

其中，我国生活能源消费总量在年均 15000 万~30000 万吨标准煤，占比大约为 10%；工业能源消费数量 2003 年之前是 60000 万~120000 万吨标准煤，2003~2012 年是 180000 万~220000 万吨标准煤，占到能源消费总量的 40%。

从石油消费来讲，我国工业消费的石油数量年均在 8000 万吨左右，最高峰时工业消费的石油总量在 18000 万吨左右，2005 年之后石油的年均工业消费总量在 16000 万吨以上。我国石油消费占世界石油消费的 10% 左右，是发达国家的 2~5 倍。

中国石油对外依存度高，尽管石油储量稳定分布在 14 亿~18 亿吨，但中国原油进口占世界能源进口的 13%，石油产品进口占世界能源进口的 8%。我国石油系统综合储备天数仅为 21.6 天。

第三，能源冲击对我国产出波动有重要影响，能源冲击解释了产出波动 17.997%。能源冲击对产出水平的影响时间大约是 15 个月，在前 5 个月之内能源冲击会导致产出下降，在 5~10 个月产出会重新适应并迅速增加，在 10~15 个月能源价格的冲击减弱，15 个月后产出水平恢复到长期均衡水平。从能源冲击对资本存量的解释来看，我国资本形成受到能源冲击的重要影响，能源价格波动占到了资本存量波动的 34.360%，对资本积累有重要影响。

第四，能源冲击对我国物价水平具有重要影响，能源价格波动解释了我国物价水平波动的 28.333%。外部能源价格冲击对我国价格水平的影响分为前后两个时期，1992~2001 年，能源价格冲击与物价水平基本一致，能源价格对物价的影响较弱，而在 2002~2012 年，能源价格本身发生了剧烈的波动，而且能源价格对 CPI 的贡献越来越大。

我们使用新凯恩斯主义框架下包含能源因素的一般均衡模型，改善了对我国实际经济的模拟程度，可以使用该模型较为稳健地刻画能源冲击对我国实际经济的影响。同时，我国的价格粘性非常明显，根据货币经济学的观点，货币政策之所以能够影响实体经济，主要是因为经济中的价格粘性存在，价格调整无法迅速来消化货币供给。根据模型的模拟结果，我们可以看到，我国价格水平的粘性周期超过 40 个月，能源价格冲击在 6 个月左右达到最高，经过 40 个月左右才恢复到均衡水平。

6.2 进一步的研究方向

本书主要根据中国能源生产消费现状与宏观经济的联系建立模型，使用 DSGE 分析方法来进行政策分析，从而为理解我国宏观经济中的能源因素提供科学合理的判断标准，估算了能源冲击对我国实际经济的影响程度。但是，现实经济环境总是复杂多变的，经济主体的行为会发生阶段性和周期性变化，家庭和企业行为不是用简单模型所能完全刻画的。因此，未来在研究能源因素方面，特别是模型化研究中国能源市场的过程中，我们需要仔细分析我国实际经济数据，对价格运动、资本形成的机制作进一步的探讨，为模型找到经济学意义上完全的理论基础。

就能源市场的研究而言，能源市场在我国经济中的地位和作用不断扩大，能源经济学的研究大有前景，本书只是选择能源价格冲击与宏观经济的联系作为切入口，主要把能源的价格因素纳入到分析过程中来，并没有完全反映我国能源市场面临的全部问题。目前来看，我国能源市场的定价机制、能源税费改革、能源运输等各个领域都有自己的特点，如何建立市场化的能源市场，保障我国的能源安全，这是一个需要重点关注的问题。

此外，在我国的经济结构的转型过程中，能源因素对大气环境、CO_2 排放具有深刻影响，研究能源利用效率和经济结构转型也是未来经济持续健康发展的必然要求。能源与大气环境不仅关系到当代人的生存，而且对全球气候变暖和经济结构具有重要影响。

可以欣慰地看到，在本书研究能源市场与中国经济的关系时，关于能源经济学的研究已经是遍地开花，对能源的关注不仅体现在普通居民的消费需求上，而且上升为国家战略，国家将从战略上高度重视能源问题。对中国经济来说，未来和能源相关的问题会越来越多，现在最关注的是能源生产问题，即能源供应的问题，而对能源消费行为的研究是未来需要重点关注的对象。

6.3　政策建议

从本书对能源与我国宏观经济学的研究来看，我国能源生产和消费的矛盾，未来能源的供给和需求矛盾或将进一步凸出，能源与国民经济和生活的联系会越来越强。针对我国能源价格波动与我国宏观经济周期，本书提出以下建议，为我国能源政策的制定提供科学的依据。

6.3.1　国家能源储备制度应该更早建立

能源储备工程主要解决化石能源在全球经济中的稀缺性问题。发达国家为了国家的经济安全都积极建立石油储备，我国在经济发展过程中，能源需求旺盛，对化石能源的需要量大，积极建立能源的战略储备可以防止能源短缺带来的经济恐慌。我国已经启动了能源储备的战略工程，国家应该加大对战略资源的储备，不仅仅在经济发达地区储备，而且要在内陆建立石油储备基地。

6.3.2　我国应该建立市场化的能源价格机制

从本书的研究结论来看，外部能源价格波动对中国宏观经济周期的影响是比较长的，这还是在中国经济没有达到一个比较大的消费规模的情况下，如果中国经济规模继续扩大，能源价格波动对整个经济的冲击会更大，产出和物价水平将有剧烈波动。市场化的能源价格机制，可以合理确定能源的使用价格、最有效率地使用能源资源，防止经济因为能源价格过低而发生扭曲性投资和生产。中国能否完全实行市场化的能源战略，目前条件尚不具备。市场化的能源价格机制是未来的发展方向，包括对石油、天然气、电力价格的市场化改革，市场化的能源价格机制有利于我国经济结构转型和经济竞争力提升。

6.3.3 我国能源资源的来源多样化

从本书的研究来看，能源资源在经济中所占的比例呈现倒"U"形结构，能源资源并不是随着经济规模的变化不断上升，发达国家能源资源的使用比例一直稳定在某个水平，说明工业化进程与能源资源的使用紧密相关，并不是所有的经济体都需要较高的能源消费来支持。就我国目前的经济发展和工业化水平来讲，能源资源在经济中的比例上升反映了我国处于工业化的中期，未来能源资源在经济中的比例可能会逐渐下降，基于这样一种判断，为了我国能源工业的发展和工业化进程顺利推进，我们应该利用国际和国内两个市场来保障能源安全。

从全球来看，并不是所有的地区都存在能源短缺，能源的短缺只是时间和空间分布上的问题，因此解决能源短缺问题的手段应该采用多途径的方式，与外部能源供给的多头衔接可以保障能源资源的安全，实践证明，封闭的经济形态可能是更不安全的，能够与国际市场多样化地衔接，才能够保障我国的能源安全。中国能源企业既要进行国际投资，也要进行能源的进出口交易，这样才能保障中国能源供给的安全。

6.3.4 建立能源消费的预警机制

国内关于中国能源供给和消费研究存在着很多盲区，过去对中国能源安全重要性关注不够，大家只关心石油供给的安全。其实，中国能源安全问题不仅仅是石油供给不足，能源资源总供给相对于需求来说也是不足的。如果中国人均GDP达到中等发达国家水平，人均生活能源消费将不断上升，能源紧缺将成为经济中非常普遍的现象。能源技术如果不能获得有效突破，反过来也将影响技术的进步和产业发展，进而影响整体经济的发展。如果能源定价机制长期扭曲，那么高耗能产业和资源型企业将继续占据行业的龙头地位，节能减排就是一句空话，消费品结构不能够得到有效升级，最终导致能源消耗大、消费品无法升级的恶性循环。因此，对能源消费进行监测和预报,对能源定价机制进行完善,可以防止能源价格波动对经济的扭曲性影响。

6.3.5 中国新能源政策要适当调整

世界不缺少能源,能源来源的多样化受到各个国家重视。世界各国都在积极寻找新能源,各种新能源技术遍地开花,但是对促进新能源开发的政策要客观审慎看待。我国对新能源技术的开发和大规模投资不一定能导致能源供给效率提高,一拥而上发展新能源资源和技术可能并不是最好的策略,这样很容易形成投资泡沫。尽管寻找新能源可以在一定程度上缓解能源紧张局面,但是过多关注新能源资源开发并不能解决能源资源紧缺的问题。如果能源价格机制完善,我国能源安全问题将得到极大化解。如果不关心我国能源消费实际来盲目发展新能源是不可行的,不仅违背了经济学需求的基本规律,而且会造成社会资源的极大浪费。总之,利用现有能源资源,审慎开发新能源,对于我国能源安全战略具有重要的意义。

参考文献

[1] Aghion, P., Bloom, N., Blundell, R., Griffith, R. & Howitt, P. Competition and innovation: An inverted U relationship [R]. National Bureau of Economic Research, 2002.

[2] Ahmed, S., Levin, A. & Wilson, B. A. Recent US macroeconomic stability: Good policies, good practices, or good luck? [J]. Review of Economics and Statistics, 2004, 86 (3): 824-832.

[3] Arias, A., Hansen, G. D. & Ohanian, L. E. Why have business cycle fluctuations become less volatile? [J]. Economic Theory, 2007, 32 (1): 43-58.

[4] Arrow, K. The rate and direction of inventive activity: Economic and social factors [J]. NBER, 1962: 609-626.

[5] Arrow, K. J & S. Chang. Optimal pricing, use and exploration of uncertain natural resource stocks Dynamic Optimization and Mathematical Economics [M]. New York: Plenum, 1980.

[6] Atkeson, A., Chari, V. V. & Kehoe, P. J. Taxing capital income: A bad idea [J]. Federal Reserve Bank of Minneapolis Quarterly Review, 1999 (23): 3-18.

[7] Bachmeier, L. J. & Swanson, N. R. Predicting inflation: Does the quantity theory help? [J]. Economic Inquiry, 2007, 43 (3): 570-585.

[8] Baily, M. N., Phelps, E. S. & Friedman, B. M. Stabilization policy and private economic behavior [J]. Brookings Papers on Economic Activity, 1978 (1): 11-59.

[9] Barsky, R. & Kilian, L. Oil and the macroeconomy since the 1970s

[R]. National Bureau of Economic Research, 2004.

[10] Bebee, J. & Hunt, B. Rapidly rising energy prices: Does the driver of the energy market imbalance matter? [J]. National Institute Economic Review, 2007, 199 (1): 114-125.

[11] Bernanke, B. S., Gertler, M. & Gilchrist, S. The financial accelerator in a quantitative business cycle framework [J]. Handbook of Macroeconomics, 1999 (1): 1341-1393.

[12] Bernanke, B. S., Gertler, M., Watson, M., Sims, C. A. & Friedman, B. M. Systematic monetary policy and the effects of oil price shocks [J]. Brookings Papers on Economic Activity, 1997 (1): 91-157.

[13] Blanchard, O. J. & Galí, J. The macroeconomic effects of oil shocks: Why are the 2000s so different from the 1970s? [R]. National Bureau of Economic Research, 2007.

[14] Blanchard, O. & Simon, J. The long and large decline in US output volatility [J]. Brookings Papers on Economic Activity, 2001 (1): 135-174.

[15] Bohi, D. R. Energy price shocks and macroeconomic performance [M]. Washington, DC: Resources for the Future, 1989.

[16] Brown, S. & Yücel, M. K. Energy prices and aggregate economic activity: An interpretative survey [J]. The Quarterly Review of Economics and Finance, 2002, 42 (2): 193-208.

[17] Bruno, M. & Sachs, J. D. Economics of worldwide stagflation [R]. NBER Books, 2008.

[18] Burns, A. F. & Mitchell, W. C. Measuring business cycles [R]. NBER Books, 2008.

[19] Calvo, G. A. Staggered prices in a utility-maximizing framework [J]. Journal of Monetary Economics, 1983, 12 (3): 383-398.

[20] Campbell, J. R. & Hercowitz, Z. The role of collateralized household debt in macroeconomic stabilization [R]. National Bureau of Economic Research, 2005.

[21] Carroll, C. D. & Samwick, A. A. The nature of precautionary

wealth [J]. Journal of Monetary Economics, 1997, 40 (1): 41-71.

[22] Carroll, C. & Dynan, K. S. Krane. Unemployment risk and precautionary wealth: Evidence from households' balance sheets [R]. Federal Reserve Board, Finance and Economics Discussion Paper, 1999.

[23] Cass, D. Optimum growth in an aggregative model of capital accumulation [J]. The Review of Economic Studies, 1965, 32 (3): 233-240.

[24] Celsi, R. L. & Olson, J. C. The role of involvement in attention and comprehension processes [J]. Journal of Consumer Research, 1988: 210-224.

[25] Chow, G. C. & Li, K. W. China's Economic Growth: 1952-2010 [J]. Economic Development and Cultural Change, 2002, 51 (1): 247-256.

[26] Christiano, L. J., Eichenbaum, M. & Evans, C. L. Nominal rigidities and the dynamic effects of a shock to monetary policy [J]. Journal of Political Economy, 2005, 113 (1): 1-45.

[27] Clarida, R., Gali, J. & Gertler, M. Monetary policy rules and macroeconomic stability: Evidence and some theory [J]. The Quarterly Journal of Economics, 2000, 115 (1): 147-180.

[28] Clarida, R., Gali, J. & Gertler, M. Optimal monetary policy in closed versus open economies: An integrated approach [R]. National Bureau of Economic Research, 2001.

[29] Cooley, T. F. & Hansen, G. D. The inflation tax in a real business cycle model [J]. The American Economic Review, 1989: 733-748.

[30] Corsetti, G., Dedola, L. & Leduc, S. International risk sharing and the transmission of productivity shocks [J]. Review of Economic Studies, 2008, 75 (2): 443-473.

[31] Davis, S. J. & Haltiwanger, J. Sectoral job creation and destruction responses to oil price changes [J]. Journal of Monetary Economics, 2001, 48 (3): 465-512.

[32] De Gregorio, J., Landerretche, O. & Neilson, C. Another pass-through bites the dust? Oil Prices and Inflation [J]. Economía, 2007, 7 (2):

155-196.

[33] Deaton, A. & Paxson, C. Intertemporal choice and inequality [R]. National Bureau of Economic Research, 1993.

[34] Debreu, G. A social equilibrium existence theorem [J]. Proceedings of the National Academy of Sciences of the United States of America, 1952, 38 (10): 886.

[35] Diamond, P. A. National debt in a neoclassical growth model [J]. The American Economic Review, 1965, 55 (5): 1126-1150.

[36] Dohner, R. S. Energy prices, economic activity and inflation: Survey of issues and results [R]. Ballinger, Cambridge, MA, 1981.

[37] Du, L., Yanan, H. & Wei, C. The relationship between oil price shocks and China's macro-economy: An empirical analysis [J]. Energy Policy, 2010, 38 (8): 4142-4151.

[38] Dynan, K. E. How prudent are consumers? [J]. Journal of Political Economy, 1993: 1104-1113.

[39] Edelstein, P. & Kilian, L. The response of business fixed investment to changes in energy prices: A test of some hypotheses about the transmission of energy price shocks [J]. The BE Journal of Macroeconomics, 2007, 7 (1).

[40] Eggertsson, G. B. & Woodford, M. Zero bound on interest rates and optimal monetary policy [J]. Brookings Papers on Economic Activity, 2003 (1): 139-233.

[41] Eichenbaum, M. & Evans, C. L. Some empirical evidence on the effects of monetary policy shocks on exchange rates [R]. National Bureau of Economic Research, 1993.

[42] Elekdağ, S. & Tchakarov, I. Balance sheets, exchange rate policy, and welfare [J]. Journal of Economic Dynamics and Control, 2007, 31 (12): 3986-4015.

[43] Engle, R. F. Autoregressive conditional heteroscedasticity with estimates of the variance of United Kingdom inflation [J]. Econometrica: Journal of the Econometric Society, 1982: 987-1007.

[44] Frankel, J. A. & Romer, D. Trade and growth: An empirical investigation [R]. National Bureau of Economic Research, 1996.

[45] Friedman, M. & Schwartz, A. J. A monetary history of the United States, 1867-1960 (Vol. 12) [M]. Princeton University Press, 1971.

[46] Galí, J., & Gambetti, L. On the sources of the great moderations [R]. Mimeo, 2007.

[47] Gomes, S., Jacquinot, P., Mohr, M. & Pisani, M. Structural reforms and macroeconomic performance in the euro area countries: A model-based assessment [R]. Bank of Italy Temi di Discussione, Working Paper, 2011.

[48] Hamilton, J. D. What is an oil shock? [J]. Journal of Econometrics, 2003, 113 (2): 363-398.

[49] Hamilton, J. D. Oil and the Macroeconomy [M]. The New Palgrave Dictionary of Economics, MacMillan, 2005.

[50] He, J., Gu, D., Wu, X., et al. Major causes of death among men and women in China [J]. New England Journal of Medicine, 2005, 353 (11): 1124-1134.

[51] Hooker, M. A. Are oil shocks inflationary?: Asymmetric and nonlinear specifications versus changes in regime [J]. Journal of Money, Credit, and Banking, 2002, 34 (2): 540-561.

[52] Hotelling, H. The economics of exhaustible resources [J]. The Journal of Political Economy, 1931, 39 (2): 137-175.

[53] Huang, Y. & Guo, F. The role of oil price shocks on China's real exchange rate [J]. China Economic Review, 2007, 18 (4): 403-416.

[54] Hulten, C. R. & Wykoff, F. C. Issues in the measurement of economic depreciation introductory remarks [J]. Economic Inquiry, 1996, 34 (1): 10-23.

[55] Jones, D. W. & Leiby, P. N. The macroeconomic impacts of oil price shocks: A review of literature and issues [R]. Oak Ridge National Laboratory, 1996.

[56] Kahn, J. A., McConnell, M. M. & Perez-Quiros, G. On the causes of the increased stability of the US economy [J]. Federal Reserve Bank of New York Economic Policy Review, 2002, 8 (1): 183-202.

[57] Keane, M. P. & Prasad, E. S. The employment and wage effects of oil price changes: A sectoral analysis [J]. The Review of Economics and Statistics, 1996: 389-400.

[58] Kim, C. J. & Nelson, C. R. Has the US economy become more stable? A bayesian approach based on a markov-switching model of the business cycle [J]. Review of Economics and Statistics, 1999, 81 (4): 608-616.

[59] Klein, L. R. Economic fluctuations in the United States, 1921-1941 (Vol. 176) [M]. New York: Wiley, 1950.

[60] Koopmans, T. C. The economic approach to development planning [R]. The Economic Approach to Development Planning, 1965.

[61] Kuznets, S. Shares of upper income groups in savings: Shares of upper income groups in income and savings [J]. UMI, 1980: 45-58.

[62] Kydland, F. E. & Prescott, E. C. Time to build and aggregate fluctuations [J]. Journal of the Econometric Society, 1982: 1345-1370.

[63] Lardic, S. & Mignon, V. The impact of oil prices on GDP in European countries: An empirical investigation based on asymmetric cointegration [J]. Energy Policy, 2006, 34 (18): 3910-3915.

[64] Leduc, S. & Sill, K. Monetary policy, oil shocks, and TFP: Accounting for the decline in US volatility [J]. Review of Economic Dynamics, 2007, 10 (4): 595-614.

[65] Lee, Y. & Gordon, R. H. Tax structure and economic growth [J]. Journal of Public Economics, 2005, 89 (5): 1027-1043.

[66] Ljungqvist, L. & Sargent, T. J. Recursive macroeconomic theory [M]. MIT Press, 2004.

[67] Long Jr, J. B. & Plosser, C. I. Real business cycles [J]. The Journal of Political Economy, 1983: 39-69.

[68] Loungani, P. Oil price shocks and the dispersion hypothesis [J].

The Review of Economics and Statistics, 1986: 536-539.

[69] Lucas, P. W. A new theory relating seed processing by primates to their relative tooth sizes [J]. The Growing Scope of Human Biology, 1989: 37-49.

[70] Lucas, R. E. Econometric policy evaluation: A critique [J]. Carnegie-Rochester Conference Series on Public Policy, 1976, 1 (1): 19-46.

[71] Lucas, R. & Sargent, T. Rational expectations and econometric practice [M]. University of Minnesota Press, 1981.

[72] Markusen, J. R. & LEO Svensson. Trade in goods and factors with international difference in technology [J]. International Economic Review, 1985 (26): 175-192.

[73] Mas-Colell, A., Whinston, M. D. & Green, J. R. Microeconomic theory (Vol. 1) [M]. New York: Oxford University Press, 1995.

[74] McConnell, M. M. & Perez-Quiros, G. Output fluctuations in the United States: What has changed since the early 1980's? [J]. The American Economic Review, 2000, 90 (5): 1464-1476.

[75] Mork, K. A. Oil and the macroeconomy when prices go up and down: An extension of hamilton's results [J]. Journal of Political Economy, 1989: 740-744.

[76] Nakov, A. & Pescatori, A. Monetary policy trade-offs with a dominant oil producer [J]. Journal of Money, Credit and Banking, 2010, 42 (1): 1-32.

[77] Obstfeld, M. & Rogoff, K. The mirage of fixed exchange rates [R]. National Bureau of Economic Research, 1995.

[78] Okun, A. M. On the appraisal of cyclical turning-point predictors [J]. Journal of Business, 1960: 101-120.

[79] Phillips, A. W. The Relation between unemployment and the rate of change of money wage rates in the United Kingdom, 1861-1957 [J]. Economica, 1958, 25 (100): 283-299.

[80] Ramsey, F. P. A Contribution to the theory of taxation [J]. The

Economic Journal, 1927: 47-61.

[81] Rivera-Batiz, L. A. & Romer, P. M. Economic integration and endogenous growth [R]. National Bureau of Economic Research, 1990.

[82] Romer, D. A simple general equilibrium version of the Baumol-Tobin model [J]. The Quarterly Journal of Economics, 1986, 101 (4): 663-685.

[83] Rotemberg, J. J. & Woodford, M. Real-business-cycle models and the forecastable movements in output, hours, and consumption [J]. The American Economic Review, 1996: 71-89.

[84] Samuelson, P. A. An exact consumption-loan model of interest with or without the social contrivance of money [J]. The Journal of Political Economy, 1958, 66 (6): 467-482.

[85] Sidrauski, M. Inflation and economic growth [J]. The Journal of Political Economy, 1967: 796-810.

[86] Sims, C. A. Macroeconomics and reality [J]. Econometrica: Journal of the Econometric Society, 1980: 1-48.

[87] Smets, F. & Wouters, R. An estimated dynamic stochastic general equilibrium model of the euro area [J]. Journal of the European Economic Association, 2003, 1 (5): 1123-1175.

[88] Solow, R. M. A contribution to the theory of economic growth [J]. The Quarterly Journal of Economics, 1956, 70 (1): 65-94.

[89] Stock, J. H. & Watson, M. W. Forecasting using principal components from a large number of predictors [J]. Journal of the American Statistical Association, 2002, 97 (460): 1167-1179.

[90] Streets, D. G., Fu, J. S., Jang, C. J., et al. Air quality during the 2008 Beijing Olympic games [J]. Atmospheric Environment, 2007, 41 (3): 480-492.

[91] Tinbergen, J. International abstract of economic statistics, 1919-1930 [R]. International Conference of Economic Services, 1934.

[92] Walras, L. Elements of pure economics: The theory of social wealth [R].

American Economic Association and the Royal Economic Society, 1954.

[93] Walsh, C. E. Monetary theory and policy [M]. MIT Press, 2003.

[94] Woodford, M. Revolution and evolution in twentieth-century macro-economics [R]. Unpublished Mimeo, 1999.

[95] Wu, H. C. & Liu, S. F. Evaluaton on the R&D Relative Efficiency of different areas in China based on improved DEA model [J]. R&D Management, 2007 (2): 108-112.

[96] 陈昆亭, 龚六堂. 粘滞价格模型以及对中国经济的数值模拟 [J]. 数量经济技术经济研究, 2006 (8): 106-117.

[97] 陈昆亭, 龚六堂. 实际经济周期理论的最新发展 [J]. 经济学动态, 2007 (4): 39-44.

[98] 陈昆亭, 龚六堂, 邹恒甫. 基本 RBC 方法模拟中国经济的数值试验 [J]. 世界经济文汇, 2004 (2): 41-42.

[99] 陈昆亭, 龚六堂, 邹恒甫. 什么造成了经济增长的波动, 供给还是需求 [J]. 世界经济, 2004 (4): 3-11.

[100] 陈昆亭, 周炎, 龚六堂. 中国经济周期波动特征分析: 滤波方法的应用 [J]. 世界经济, 2004 (10): 47-56.

[101] 李猛, 沈坤荣. 地方政府行为对中国经济波动的影响 [J]. 经济研究, 2010 (12): 35-47.

[102] 李松华. 基于 DSGE 模型的中国货币政策传导机制研究 [D]. 华中科技大学博士学位论文, 2010.

[103] 林伯强, 牟敦国. 能源价格对宏观经济的影响 [J]. 经济研究, 2008 (11): 88-101.

[104] 刘金全, 刘志刚. 我国经济周期波动中实际产出波动性的动态模式与成因分析 [J]. 经济研究, 2005 (3): 26-35.

[105] 钱士春. 中国宏观经济波动实证分析: 1952~2002 [J]. 统计研究, 2004 (4): 12-16.

[106] 亚当·斯密. 国富论 [M]. 张兴, 田要武, 龚双红译. 北京: 北京出版社, 2007.

[107] 孙稳存. 能源冲击对中国宏观经济的影响 [J]. 经济理论与经

济管理，2007（2）：31-36.

［108］仝冰. 货币、利率与资产价格——基于DSGE模型分析和预测［D］. 北京大学博士学位论文，2010.

［109］魏涛远. 征收碳税对中国经济与温室气体排放的影响［J］. 世界经济与政治，2002（8）：47-49.

［110］徐高. 基于动态随机一般均衡模型的中国经济波动数量分析［D］. 北京大学博士学位论文，2008.

［111］张晓蓉，唐国兴，徐剑刚. 投机泡沫的混合理性正反馈模型［J］. 金融研究，2005（8）：85-98.

［112］张颖，刘金全，隋建利. 我国保险业发展与经济增长之间的作用机制和关联机制分析［J］. 当代经济研究，2010（2）：53-57.

后　记

本书是在我博士学位论文的基础上完善并修改完成的，在此感谢中国人民大学经济学院、山东大学经济研究院、山东大学历史文化学院给予我成长与帮助的所有老师和同学！选择读博是在仓促之下决定的，回想 2010 年的春天，北京下着鹅毛般的大雪，我奔波在北大、清华和人大校园里，参加考试、面试，然后等待结果，那种真实的不确定性却没有给我带来任何的不适。我总是在最难的地方走出了最坚决的路，每每想来倍感人生之奇幻。

在经济学选择的道路上，我从没有后悔过，并不遗余力地去实现专业训练。在此感谢山东大学经济学院曲创老师、胡金焱老师带我开启知识之门。感谢黄少安教授、叶海云老师、孙经纬老师、陈言师兄、韦倩师兄、黄凯南师兄等经济研究院的老师和同学，是你们让我接受了当时很难的经济学专业训练。感谢中国人民大学经济学院王健教授、吴易风教授、王红梅师姐、王茹师姐、马小芳师姐等老师和师门好友的帮助与支持，让我在枯燥的博士生活中感受到师门情谊。感谢北京大学光华管理学院、国家发展研究院、清华大学经管学院的部分课程，让我在知识的海洋中尽情徜徉，乐以忘忧。尽管现在看来，当初的论文写得并不成熟，也有诸多瑕疵，但是写作的过程和当时的认真细致也足以让自己动容。

漫漫十年求学生涯，我浪费了太多时间，荒废了大量时光，每每感叹如果能回到过去我会做得更好，但也只是一路匆忙，到今天自己身为老师，仍然感叹总是有遗憾。事业上的遗憾有些可能终身也无法改变，我也只能望天兴叹。2013 年毕业的时候，我刚好 30 岁，从 20 岁到 30 岁，人生十年啊。在这十年间，感谢我认识的本科同学、硕士研究生同学、博士研究生同学，尽管我们不常联系，但是这些情谊回忆起来总让人动容。几多好友知己，乐以忘忧，人生路上每每触景生情，回想那回不去的时光，每每唏嘘不已。我想，人生总是会经过一些人、经历一些事，才知道过去的不再来，将来的未可知，做真实的自己就好。

如今，作为孩子的父亲，作为妻子的丈夫，我的人生开启了新的篇章。重新来读自己曾经写下的东西，有点遥远又有点害怕，不过人生就是这样，无论已经走过什么样的路，未来我们必须坚定向前，向前，向前！

谭琦
2018年秋于长沙